dtv

Der Bestseller ›weiter leben‹, Ruth Klügers autobiografisches Überlebensbuch, war ein beklemmendes Augenzeugnis der Konzentrationslager von Theresienstadt, Auschwitz-Birkenau, Christianstadt. Doch was kam nach dem Krieg? Aus dem dreizehnjährigen Mädchen, das der Gaskammer nur durch einen glücklichen Zufall entronnen war, wurde eine angesehene Literaturwissenschaftlerin, eine selbstbewusste Feministin und eine international ausgezeichnete Schriftstellerin.

Der *american way of life* in der zweiten Hälfte des 20. Jahrhunderts, die komplexe Beziehung zu ihrer Mutter, den beiden Söhnen, die unglückliche Ehe und die als Befreiung empfundene Scheidung, die Ressentiments, mit denen sie als Frau und als Jüdin an den amerikanischen Universitäten zu kämpfen hatte, sind Themen dieser Autobiografie. Hier erzählt eine Frau, die sich ihre Muttersprache ebenso zurückerobert wie ihre Geburtsstadt Wien, die sich mit den Verlusten, die das Altern bringt, auseinandersetzt und sich den Schatten und Visionen der Vergangenheit und der Gegenwart stellt.

Ruth Klüger, 1931 in Wien geboren, wurde als Jugendliche in die Konzentrationslager Theresienstadt und Auschwitz verschleppt. 1947 emigrierte sie in die USA. Sie lehrte Germanistik an der University of Virginia, in Princeton sowie an der University of California in Irvine. Ruth Klügers Autobiografie ›weiter leben‹, deren Fortsetzung ›unterwegs verloren‹ ist, gehört neben dem literarischen Vermächtnis Primo Levis oder Imre Kertész' zu den eindringlichsten Zeugnissen über die Shoah.

Ruth Klüger

unterwegs verloren

Erinnerungen

Deutscher Taschenbuch Verlag

Von Ruth Klüger
sind im Deutschen Taschenbuch Verlag lieferbar:
weiter leben (11950)
Frauen lesen anders (12276)

**Ausführliche Informationen über
unsere Autoren und Bücher
finden Sie auf unserer Website
www.dtv.de**

2010
Deutscher Taschenbuch Verlag GmbH & Co. KG,
München
© Paul Zsolnay Verlag Wien 2008
Umschlagkonzept: Balk & Brumshagen
Umschlagfoto: Isolde Ohlbaum
Gesamtherstellung: Druckerei C. H. Beck, Nördlingen
Gedruckt auf säurefreiem, chlorfrei gebleichtem Papier
Printed in Germany · ISBN 978-3-423-13913-7

Für Gesa

einmal ging ich unterwegs verloren
einmal kam ich an wo ich nicht war

HERTA MÜLLER,
»Die blassen Herren mit den Mokkatassen«

EINS

Abschiede

Ob ich euch wiedersehe oder ob ich euch nicht wiedersehe, ich sehe euch wieder.

ILSE AICHINGER,
»Kleist, Moos, Fasane«

I. GESCHICHTE EINER NUMMER

Mit dem Älterwerden weichen auch die Gespenster zurück. Jahrelang begleiten sie dich, hinken sozusagen neben dir her und verlangsamen deinen eigenen Schritt, denn du kannst doch, schon aus Höflichkeit, deinem großen Bruder, der mit 17 ermordet wurde, als du gerade elf warst, nicht weg- und voranlaufen; sie machen dir Vorwürfe, weil du Zeit hattest und hast, während sie, die doch auch leben wollten, genau wie du, in der Zeitlosigkeit ihres frühen Todes verharren müssen. Da schleichst du vor ihren verschleierten Augen dahin und tust so, als ginge es dir gar nicht so gut, wie es dir tatsächlich geht, als sei die Lebenskraft etwas an und für sich Unanständiges.

Ich trag die Nummer als Andenken an euch, sag ich dann, sagte ich immer. Aber jetzt, sag ich dem Schorschi, dem Bruder, sind deine dir von der Bibel zugestandenen 70 oder 75 Jahre abgelaufen, und jetzt könntest auch du, wenn wir wie zwei normale Menschen miteinander spazieren gingen, nicht mehr voraus, sondern nur noch zurückschauen auf dein Leben, höchstens die paar Augenblicke noch genießen, auf keinen Fall auf viel Zukunft mehr hoffen. Ich selbst ja auch nicht. Freilich, du hast sie nicht gehabt, du hast die Jahre nicht gehabt, und ich hatte sie, und du hast es mir zu Recht übelgenommen, aber jetzt hättest du sie auch nicht mehr, auch du müßtest einen Strich drunter ziehen und nachrechnen, ob es sich gelohnt hat. Wie ich.

Und so kam es, daß ich dir, dir und deinesgleichen, die KZ-Nummer nicht mehr schuldig zu sein meinte. Ich hab sie ein halbes Jahrhundert mitgehabt, angehabt, herumgeschleppt auf dem linken Arm, und dann riß mir die Geduld. In einer Laserklinik in Kalifornien, wo die Hautärzte ein Heidengeld damit verdienen, daß sie die Runzeln alternder Frauen und die Tätowierungen besoffener Jugendlicher, denen es nachher leid tut, daß sie sich ihr gepflegtes Äußeres aus Gaudi und um anzugeben verunstalten ließen, entfernen, da hat mir eine junge Dermatologin in dreimaliger Behandlung über Monate hinweg dieses Stück »Mahnmal« weggebrannt. Da hab ich sie dann endlich auswendig gewußt, denn vorher hatte ich immer Mühe gehabt, sie mir zu merken: A-3537. Sie war immer nur eine Hundemarke in dem Sinne, daß die eigentliche Zahlenfolge bedeutungslos war und ich sie nie als eine Einheit empfunden habe, nicht einmal wie eine Haus- oder Telefonnummer, warum sollte ich sie mir dann merken? Die Ziffern waren nur auf der Haut, nicht im Kopf. Nur als Tatsache, als Phänomen, als Zeichen war sie wichtig, aber dann so sehr, daß man sie für die Toten anbehielt. Anbehielt? Wie ein Kleidungsstück?

Für die Buchhaltung in Auschwitz, wenn man diese makabren Genauigkeiten so nennen kann, war sie unnötig, denn ob markiert oder nicht, die Juden wurden vernichtet. Ich bin nie bei dieser Nummer gerufen worden, auch diesen Zweck hatte sie nicht. Das Absonderliche daran, ein Kind so zu markieren, war mir jedoch schon in Auschwitz klar: Die spinnen, dachte ich, als ich sie als Zwölfjährige von geübten Häftlingshänden eintätowiert bekam und sie neugierig studierte; was wird ihnen als nächstes einfallen? Da starrte ich also auf ein Symbol des absolut Bösen, und in meinem präpubertären Hirn wurde daraus ein Kuriosum, eine, wenngleich schaurige, Absonderlichkeit. Auf die Ziffern selbst kam's nicht an, denn die waren für sich weder böse noch absonderlich.

Auch anderen erging es so, daß sie sich keineswegs mit dieser Nummer identifiziert haben, wie man sich mit dem eigenen Namen identifiziert; ein Teil unseres Wesens wurde sie erst nachher, und dann eben als Andenken, ohne gegenwärtige Funktion. Im Frankfurter Auschwitz-Prozeß gab es eine Frau, die vom Richter nach ihrer Nummer befragt wurde. (Warum hat er gefragt, schien ihm die Frage nach der Nummer eine legitime Ausübung der Staatsgewalt zur Identifikation der Todgeweihten?) Sie erinnerte sich nicht an die Zahlen, und statt dem Richter zu sagen, »Du kannst mich« oder »Wie kommen Sie dazu, solche intimen Fragen zu stellen?« oder eine Nummer zu erfinden oder zu behaupten, sie habe sie sich herausschneiden lassen (mit der narbenfreien Lasermethode fing es damals erst an, glaube ich), hat sie sich mühsam ihrer Kostümjacke entledigt und die langärmelige Bluse aufgekrempelt, um die unselige Nummer dem hohen Gericht zu zeigen und sie abzulesen. Auch für sie war sie nichts zum Auswendiglernen gewesen.

Ich hatte ein Buch über das alles geschrieben, das war Vorbedingung für das Ablegen der Nummer, für den wieder unversehrten Arm. Ich hab alles gesagt, was ich darüber zu sagen hatte, Zeugnis abgelegt, das berühmte Zeugnis, das wir uns schon immer, seit der Zeit in den Lagern, abverlangt haben. Dann habe ich die Nummer noch ein paar Jahre – was sag ich da – viele Jahre sein lassen, wie ich den Ehering nach der Scheidung noch ein paar Wochen trug und den Namen meines ehemaligen Mannes noch jahrzehntelang, als gingen solche Trennungen nicht schnell. Das Buch nannte ich »weiter leben«, was nichts anderes zu bedeuten hatte, als daß das Weiterleben von alleine kommt und man nichts dazu tun muß, außer dem Umgebrachtwerden zu entgehen. Die Möglichkeit, getötet zu werden, haftet nämlich unsereinem nachher auch in Friedenszeiten im Hinterkopf.

Ja, sagte die junge Hautärztin, als sie mir die Schutzbrillen reichte, die alle im Operationssaal aufsetzen mußten, sie verstehe ganz gut, daß man diese Tätowierung loswerden wolle. Ihre eigene Mutter, sagte sie noch, sei ein Flüchtling aus Nazi-Deutschland gewesen und als Kind nach England gekommen. Sie behandelte die Sache unbefangen, wie etwas, was in die Geschichtsbücher gehört und worüber man weder sentimental noch entrüstet zu werden braucht. Außerdem und glücklicherweise sei eine solche Tätowierung leichter, viel leichter zu entfernen als die Modeartikel, die sich die jungen Leute heutzutage antun. Diese wieder loszuwerden, sagte sie, tut weh und ist sehr teuer.

Teuer war auch die Entfernung meiner einfachen Nummer, die Krankenkassen bezahlen sowas nicht, nicht einmal wenn's um schuldlos verunstaltete Kindergesichter geht, sagte mir die Ärztin, wieviel weniger für Erwachsene, die sich mit Kriegsüberbleibseln herumschlagen. Ich konnte mir's leisten, es war gut angelegtes Geld, dachte ich zufrieden. Doch eigentlich sollte die Bundesrepublik dafür aufkommen, dachte ich noch, wenn auch nicht im Ernst, aber an wen sollte ich mich da wenden? Und gerade ich, die ich nicht einmal um meine sogenannte Wiedergutmachung, eine richtige lebenslängliche Pension, eingereicht hatte; wie meine Mutter und teilweise, um es ihr gleichzutun. Was mir nachher leid tat und dann wieder nicht, man kommt nicht zurecht mit dieser Vergangenheit, gerade dann, wenn sie sich in Einzelheiten auflöst.

Es war wie diese Impfungen, die man mehrmals wiederholen muß, damit sie wirken, die Impfung für Hepatitis zum Beispiel. Bei der Nummer war es wichtig, sie zwischen den Behandlungen bedeckt zu halten, sodaß keine Sonne darauf scheinen konnte. Ich hielt mich brav an die ärztlichen Anweisungen, lief mit einem Verband am Arm herum, was besonders in Deutschland unausgesprochenes Staunen erregte. Dann war's vorbei. Die junge Ärztin hat gute Arbeit geleistet, und ich werde diese Spuren der Nazizeit nicht in den Sarg (vom Jenseits halte ich nicht viel) mitnehmen müssen.

Aber es hatte nichts mit Geld und Geiz zu tun, wenn die Überlebenden diese Nummern so selten entfernen ließen. Man könnte doch denken, wir alle hätten nichts Eiligeres zu tun gehabt, als dieses üble Symbol loszuwerden – besonders die Jungen unter uns, denen daran gelegen war, sehr schnell eine Zukunft aufzubauen. Und eigentlich waren wir ja alle jung, denn nur wenige aus der älteren Generation hatten es überstanden. Doch ganz ohne darüber zu sprechen, und fast als sei es eine Verpflichtung den Toten gegenüber, nahm man die Auschwitznummer mit in die Nachkriegswelt, die gerne heil sein oder werden wollte und die durch das »Merkt euch« unserer Markierungen löchriger wurde. Aber war das die Absicht? Wollten wir die Draußengebliebenen beschämen? Ich glaube nicht. Es war Totenehrung und Lebensbejahung in einem. Es gibt einen schönen Vers von Rilke: »Wiedererholtes Herz ist das bewohnteste.« So oder ähnlich war mir nach Kriegsende zumute. Eine Stunde Null gab es für uns freilich nicht.

Also wie hat sich's damit gelebt? Zuerst haben die Leute gar nicht gewußt, was es war, nur die Eingeweihten, das heißt Täter und Opfer und die Menschen in ihrem Umfeld. Aber mir war gar nicht daran gelegen, die Leute aufzuklären, sie an das Geschehene zu erinnern. Ich brauchte die Nummer für meinen eigenen Erinnerungshaushalt. Dieses sichtbare Überbleibsel. Dazu ein paar Anekdoten und Erlebnisse.

Das erste Mal, als ich versuchte, mich der Germanistik anzunähern, war 1952, also nur so lange nach Kriegsende, wie der Krieg selbst gedauert hatte. Ich war neu in Berkeley, hatte einen Bachelor mit Hauptfach Englisch vom Hunter College in New York, hatte einen Sommer im französischen Teil Kanadas an der Université Laval verbracht und später noch ein paar Wochen in Montreal als Tellerwäscherin in einem Restaurant. Nun meinte ich, ich sollte Komparatistik weiterstudieren, mit Englisch, Deutsch und meinem schlechten Französisch, das sich aber aufbessern ließ. Ich sprach bei einem Professor Schneider vor, der ein Seminar über das Junge Deutschland anbot. Er hat die Nummer auf meinem Arm gesehen und wollte mich nicht in diesem Seminar haben, aber ich habe das damals nicht verstanden, einfach weil ich mit meinen zwanzig Jahren zu naiv war. Er fragte, warum ich mich denn diesen unschönen Geschichten über jüdische Autoren, die es schwer gehabt hatten, aussetzen wolle? Mir war damals nicht klar, daß man sich die Professoren und nicht die Themen ihrer Seminare aussuchen muß, wenn man an der Uni was lernen will. Ich versicherte ihm, daß gerade Heinrich Heine mich sehr interessiere. Er hat mich dann doch, wenn auch widerwillig, an dem Seminar teilnehmen lassen, allerdings nicht sehr lange. Denn dieser Schneider (ein Name, der gerade in der Literaturwissenschaft überproportional oft vorkommt) war ein frustrierter Assistenzprofessor, also einer, der auf der niedrigsten akademischen Stufe steckengeblieben war. Obwohl er eine feste Stelle hatte, etwa vergleichbar mit deutschen akademischen Räten, haßte er seine Kollegen, besonders die zwei oder drei Juden unter ihnen. Im Seminar sprach er über fast nichts anderes, mit gelegentlichen Seitenhieben auf Heinrich Heine und Ludwig Börne, die zu ihrer Zeit als verwandt angesehen und mit ein paar anderen Schriftstellern das Junge Deutschland getauft wurden. Die Studenten wußten nicht recht, wie sie diese Tiraden aufnehmen sollten, und saßen mit verschlossenen Gesichtern da. Ich kritzelte aus Langeweile vor mich hin, versuchte Schillers »Lied von der Glocke« wortgerecht aus dem Gedächtnis aufzuschreiben, doch Herr Schneider hat vielleicht geglaubt, ich mache mir Notizen über seinen Ärger auf die Kollegen.

Plötzlich bekam ich eine Einladung zum Kaffee von einem Herrn Taylor, einem älteren Studenten (die Übereinstimmung mit dem Namen unseres Professors war ein amüsanter Zufall). Ich freute mich sehr darüber, denn ich hatte noch kaum Anschluß in Berkeley gefunden, doch das Gespräch nahm einen merkwürdigen Verlauf. Es war mitten in der berüchtigten, nach dem Senator von Wisconsin, Joseph McCarthy, benannten Ära, und Taylor wollte anscheinend herausfinden, ob ich kommunistenfreundlich oder gar Kommunistin sei. Trotz des scheinbaren Kameradschaftsangebots konnte ich beim besten Willen mit keiner besonderen Kenntnis von Marx und Engels aufwarten. Ich fand das Thema eher langweilig und wollte lieber über Heine reden. Schließlich ging mir ein Licht auf: Herr Taylor war von Professor Schneider auf mich angesetzt worden. Und ein paar Tage später bekam ich prompt einen Brief von dem Professor, auf einer Schreibmaschine mit ungewöhnlich altmodischer Fraktur, also vermutlich seiner eigenen, privaten, nicht der des Sekretariats, getippt, in dem er mir meine Unreife vorwarf, die ⋅ mich ungeeignet mache, an seinem Seminar teilzunehmen. Ich sei ein störendes Element. Zu dieser Zeit war noch kein einziges Referat gehalten worden, auch hatte noch kein Examen stattgefunden, es gab nichts, womit er sein Urteil hätte begründen können, und er versuchte es auch gar nicht. Es war ein autoritärer Rauswurf, den ich der Nummer auf meinem Arm zu verdanken hatte, denn ohne diese wäre meine Vergangenheit nicht erkennbar gewesen. Inzwischen war schon ein Drittel des Semesters vorbei, zu spät, um sich anderswo einzuschreiben, und ich brauchte den Schein. Hilfesuchend wandte ich mich an verschiedene Instanzen und bekam zu hören, ein Professor habe das Recht, auch ohne explizite Erklärung eine Studierende aus seinem Seminar zu verweisen. Seit den sechziger und siebziger Jahren sind Studierende nicht mehr so rechtlos, aber damals gab es keine Ombudsstelle für Gleichberechtigung und die späteren »affirmative action offices«.

Nichts bleibt so unvergeßlich für Schüler wie die Ungerechtigkeit ehemaliger Lehrer. Ich bemerke das nicht nur an mir selbst, denn schon öfters haben mir erfolgreiche Menschen mit diesem eigentümlichen Gemisch aus verletztem Selbstwertgefühl und Triumph berichtet, wie sie sich gerade in dem Fach, in dem sie einst vom Lehrer herabgesetzt wurden, besonders bewährt hätten. Mir gelang es zwar, das Semester als voll eingeschriebene Studentin zu absolvieren, indem ich auf die Anglistik wechselte und einem Englischprofessor, der mich als gute Studentin kannte, meinen ungewöhnlichen Brief zeigte, der ihn zumindest erstaunte. Wir einigten uns, daß ich bei ihm mit einem längeren Aufsatz die nötigen Punkte sammeln könne. Ich schrieb über Matthew Arnold, den viktorianischen Kritiker und Dichter, und lernte eine Menge über das England der Intellektuellen im späten 19. Jahrhundert, über diese Mischung von Anpassung und Verzweiflung, die mich, mit meinen eigenen ungelenken Anpassungsversuchen an das optimistische Amerika, sehr ansprach. Doch war ich so geknickt, daß ich bald darauf das ganze Studium hinschmiß und meine Zukunft erst einmal auf Eis legte. Auch hatte ich kein Geld mehr, und das Jobben als Kellnerin brachte nicht genug ein, ich mußte schon eine Weile vollzeitlich arbeiten, um mir etwas mehr aufzusparen, sagte ich mir zum Trost. Ich zog also mit einer Freundin, mit der ich eine kleine Wohnung teilte, ins nahe San Francisco und war eine schlechte Kellnerin, ein Beruf, zu dem mir wirklich jedes Talent fehlt. Doch Kellnerin und untergeordnete Büroarbeit waren so ziemlich das einzige, was eine junge Frau, die nur einen Bachelor vorzuzeigen hatte, bekommen konnte. Was ich wirklich wollte, war Gedichte schreiben. Im Grunde war mir die ganze Sache mit dem Studium suspekt geworden. Ich verstand Herrn Schneider ja sehr gut. Da wollte sich jemand wie ich in einen Bereich drängen, wo sie mit ihrer Nummer nicht hingehörte. Ganz unrecht hatte er nicht, schien mir. Aber wo gehörte eine mit der Nummer schon hin? Nach Israel vielleicht. Aber da gab's noch immer meine Mutter in New York, und obwohl ich nicht mit ihr leben und wohnen wollte, so wollte ich sie doch auch nicht ganz verlassen. Und aus Israel wäre ich nicht wiedergekommen. Irgendwie erwartete ich, daß sie wieder heiraten würde, was auch geschah. Andere erwarteten von mir, daß ich heiraten würde. Was ebenfalls innerhalb von zwei Jahren geschah.

Ich war jedoch noch lange nicht gewillt, die Nummer aufzugeben. Sie gehörte nun einmal zu mir. Meine Mutter hatte sich die ihre noch in den fünfziger Jahren herausschneiden lassen, und es blieb eine Narbe. Sie war damals in sehr schlechter Verfassung, das heißt, sie hatte einen Nervenzusammenbruch, war im Spital, und ich verband das eine mit dem anderen, Narbe und Nerven: Sie will ihre Identität ändern. Sie hat sich auch jünger gemacht, sogar auf offiziellen Papieren, genau um die sechs Kriegsjahre, als könne sie diese wegwischen. So etwas kann, soll, darf man nicht. Warum eigentlich nicht? Warum war ich so doktrinär? Ihre Narbe ist dann verheilt. Als sie starb, war die Narbe kaum noch sichtbar.

Es ist leicht, einem jungen Menschen die Tür zu verschließen, und es hilft enorm, wenn ein anderer sie dir einen Spaltbreit öffnet. Beide Erfahrungen habe ich während meiner Studienzeit in Berkeley gemacht, die zweite allerdings erst zehn Jahre später. Und weitere zehn Jahre später erfuhr ich es von seiten der Studenten, das Ressentiment gegen Menschen, denen sichtbares Unrecht geschehen ist und die die Zeichen nicht verheimlichen. Da war ich schon Professorin an der University of Virginia. In Virginia ist es warm, ich habe kurze Ärmel getragen und bekam diesen anonymen Brief in Großbuchstaben, der mir gehässige Vorwürfe machte. Der Schreiber war beleidigt, weil ich offen zur Schau trüge, was die Nazis mir angetan hätten. Das wollte er in der Deutschklasse ausgeklammert haben. Wie das geschehen sollte, hätte ich gerne gewußt. Langärmelige Wollkleider im Sommer? Seit wann sind denn die Söhne von Thomas Jeffersons stolzem Staat so zartbesaitet? Dachte ich. Ich bin ja nicht mit offenen Wunden in die Klasse gekommen, sondern mit Narben. Die

Kriegsveteranen verdecken ihre Narben auch nicht. In Berkeley war ein Gastprofessor aus England, der hatte bei seinem Einsatz in der Royal Air Force ein paar Finger verloren und gestikulierte ganz unbefangen mit den übrigen. Der soll auch einmal was Negatives über mein angebliches »Zurschaustellen« der Nummer gesagt haben. Worin lag der Unterschied? Daß er ein Held war, ich als Zwölfjährige aber nur Pech gehabt hatte?

Wie aber an den Briefschreiber herankommen? Die University of Virginia hat einen sogenannten Ehrenkodex. Das bedeutet, daß die Studenten sich bei den Examen eidlich dazu verpflichten, nicht abzuschreiben. Dafür dürfen sie die Examensarbeiten ohne Beaufsichtigung ablegen. Die Lehrenden haben keine Wahl, sie müssen den Prüfungsraum verlassen. Wenn einer doch abschreibt und es kommt heraus, so wird er vor ein Studentengericht gestellt und bestraft. Das kann bis zur Exkommunikation führen, also bis zum Hinauswurf. Zu meiner Zeit waren es zumeist Vertreter von ethnischen Minderheiten, bei denen es zu Ehrenverletzungen und dem damit verbundenen Skandal kam; nicht weil sie von Haus aus unehrlicher gewesen wären, sondern weil sie sich weniger gut auskannten bei den Gebräuchen und nicht wußten, welche Regeln man verletzen darf und welche von einer dubiosen Tradition, die letztlich von den Kadettenschulen herstammt, geheiligt worden sind; diese Habenichtse erwischte man leichter und bestrafte sie härter.

Als Studentin in Berkeley stand ich mit dem Brief des Professors, der sowohl Heine und Börne als auch seine jüdischen Kollegen verunglimpfen wollte, ziemlich ratlos da; jetzt, als Professorin in Virginia, erging es mir ähnlich mit dem Schreiben eines Studenten, dem meine Haltung gegenüber den Nazis nicht paßte. Ich mußte ja weiterhin diese Klasse von etwa achzehn Studenten unterrichten, in der sich der Briefschreiber befand, konnte daher die Angelegenheit schlecht unter den Tisch kehren. Ich verlangte einen Repräsentanten des Ehrenkomitees zu sehen, der auch kam.

Es war in den siebziger Jahren des 20. Jahrhunderts, auch an den konservativen Universitäten im Süden der USA wurde Staub aufgewirbelt, der sich an den Unis des Nordens fast schon wieder gelegt hatte. Der Präsident meiner Universität gehörte einem Klub an, der Schwarze prinzipiell von der Mitgliedschaft ausschloß, er meinte, das sei seine Privatangelegenheit. Ein Präsident ist aber keine Privatperson, was er tut, hat Vorbildcharakter. Darüber ließ ich mich im akademischen Senat ausführlich aus, erntete sowohl Beifall als auch Widerspruch, gehässige Briefe ohne Absender trafen ein, und Wildfremde schüttelten mir am Campus die Hand. Das war erfreulich, aber auch beschämend, denn ich hatte nichts riskiert, ich war Ordinaria, zeitweise sogar Geschäftsführerin des Departments, des Deutschen Seminars – eine unkündbare Stelle. Es war so, wie man's erwartet, wenn man sich auf was Polemisches einläßt. Ich hatte schwarze Studenten, auch einen schwarzen Kollegen, der selbst aus Virginia stammte und sich noch gut daran erinnerte, als in seiner Kindheit die Schulen aus Protest gegen die neuen Integrationsgesetze geschlossen wurden, weil den Weißen gar keine Schule besser vorkam als eine mit Schwarzen. Da hatten ihn seine Eltern zu Verwandten in einer Gegend geschickt, wo er unbehelligt lernen durfte, aber natürlich seine Mutter und seine Geschwister vermißte. Inzwischen hatte er es zu einer Stelle an der Staatsuniversität seiner Heimat gebracht, in der allerdings das nichtakademische Personal noch immer wie der letzte Dreck behandelt wurde. Eine Putzfrau, die aus New York stammte, berichtete mir, sie werde hier abgekanzelt, als sei sie ein Kind. Im Norden sei die Bezahlung zwar auch schlecht, aber es werde respektvoller miteinander umgegangen. Das alles war im Begriff, sich zu ändern. Es ging damals ziemlich durcheinander, aber die Bürgerrechtsbewegung war nicht aufzuhalten, im Norden wußte man's, im Süden versuchte man, sie zumindest zu verlangsamen. Ich kam aus dem Norden, und vorher aus einem Europa, für dessen Verbrechen ich in Amerika nicht die geringsten Ähnlichkeiten finden wollte. Das heißt, jede Diskriminierung schnitt mir ins eigene Fleisch.

Die Kritik an der Tätowierung auf meinem Arm traf und betraf mich persönlich. Das waren keine Rassisten aus der Stadt oder irgendwelche Hinterwäldler, das war einer meiner Studenten. Man darf allerdings nicht außer acht lassen, daß das Germanistikstudium, ja schon die deutschen Sprachkurse, immer auch eine kleine Gruppe von Nazibewunderern anzieht, eine Tatsache, die ich während meiner Unikarriere, so gut es ging, verdrängt habe. Das Ehrenkomitee, erwies sich rasch, hatte eine eher beschränkte Vorstellung von Ehre. Ich stellte den Antrag, das Komitee sollte sich darum kümmern herauszufinden, wer mir den Brief geschrieben hatte. Es handle sich um Antisemitismus, und das sei Ehrabschneidung, argumentierte ich. Ein Handschriftenexperte könne durch Vergleich feststellen, wer's war, sagte ich, denn ich hätte handgeschriebene Examen aller meiner Studenten. Ich hegte sogar einen Verdacht, sei aber natürlich keine Expertin, bräuchte eine Bestätigung von einem, der's verstehe und zuständig sei. Aber dafür war das Studentengremium nicht zu haben, dafür sei es nicht zuständig. Ihnen gehe es um

Plagiate und abgeschriebene Examen. (Irgendwo habe ich gelesen, nirgends werde so viel gemogelt wie gerade an den Unis mit Ehrenkodex.)

Wie sollte ich also mit meinem Problem umgehen? Wieder einmal gab's keine Instanz für eine Unannehmlichkeit, die die Nummer mir eingebracht hatte. Die Verwaltung mischte sich in diese Ehrenangelegenheiten prinzipiell nicht ein, ungeachtet der Tatsache, daß die Studentengerichtsbarkeit oft zu einer Parodie eines Standgerichts ausartete, teils aus Unerfahrenheit, teils wegen der von zu Hause mitgebrachten Vorurteile. Ich wandte mich an die Kollegenschaft. Was sollte ich machen? Einer von ihnen, Wiener Jude, Großordinarius und bekannter Wissenschaftler, fragte aufreizend kalt, warum denn das gerade mir passiere und nicht ihm. Die Frage war keiner Antwort würdig. Ist doch klar, ich war im KZ, daran wollen diese Scheißrassisten nicht erinnert werden. Und du selber, dachte ich, würdest gerne einem solchen Country Club angehören, Streber, der du bist. Anderswo macht die Integration Fortschritte, hier läuft sie in ein Hindernis nach dem anderen. Da sind Juden aus Europa unerwünscht, sie erinnern die Leute daran, was passieren kann, wenn sie so weitermachen. Die anderen Kollegen taten, als ob ich meine schmutzige Wäsche vor ihnen ausbreitete. Dahinter lauerte immer der Vorwurf: Warum hast du eine sichtbare Nummer? Warum? Weil ich im KZ war, ihr Idioten. Und trotzdem fragte mich einer eines Abends, als man kollegial zusammensaß, voller Erstaunen: »Was, du hast einmal den Judenstern getragen?« Ja, ich bin doch aus Wien, das weißt du doch, aus dem Wien, das der Hitler angeschlossen hat. Und denk mir: Und du willst Germanist sein?

Das alles hatte ich der Nummer zu verdanken und der

Entfremdung, für die sie symbolisch geworden war oder die sie verursachte. Ich hatte mich für die Arbeit der anderen Kollegen interessiert, denn ich wollte mit ihnen ins Gespräch kommen, über unser Fach und über das, was im Land und in der Welt vor sich ging. Gerade der alte Herr aus Wien überhäufte mich mit seinen Schriften und verlangte Stellungnahmen, lud mich wiederholt zu seinen Vorlesungen ein und gab sich indigniert, wenn ich nach Semestermitte keine Zeit mehr dafür fand. Aber es beruhte nicht auf Gegenseitigkeit. Einmal, als ich ihm am Telefon etwas über meine Arbeit an Kleist erzählen wollte, unterbrach er mich und sagte, er wolle jetzt fernsehen, »Kojak«, eine populäre Krimiserie, deren Protagonist statt einer Zigarette immer einen Lutscher im Mund hatte. Ein deutlicheres Signal gab es nicht. Es zeigte mir, daß meine Arbeit nur Hilfsarbeit war; eine Frau, die den Herrschaften aushilft.

An unserem Campus fand einmal eine überregionale Tagung zu Geschichte und Literatur des 18. Jahrhunderts statt. Ich hielt einen Vortrag – keiner der Kollegen war unter den Zuhörern. Das ist eine Verletzung zumindest der Etikette unter Wissenschaftlern. Wenn man keinen stichhaltigen Grund hat, wegzubleiben, so setzt man sich dazu, wenn der Kollege öffentlich spricht.

Als ich während meines Referats keines der bekannten Gesichter im Publikum sah, wurde mir klar, daß ich hier nicht länger bleiben sollte, daß das Leben von allen Seiten her auf mich einzudringen schien und nicht zu bewältigen war. Die Gründe waren vielfältig, sie waren politisch und persönlich, und ich war einsam und fühlte mich wehrlos. Die Kinder waren damals schon fast erwachsen und lebten nicht mehr bei mir. Meine beste Freundin war meine kleine Katze

Golda (Golda Miau), die ich eigentlich gar nicht in der Mietwohnung haben durfte. Ich pflegte zu sagen: Kinder sind ein Ersatz für Katzen. Wenn sie erwachsen sind, kehrt man zu seiner ersten Liebe zurück. Aber dieser Witz war nur eine Bestätigung meiner Einsamkeit. Aufgrund der gehässigen Post und der Ablehnung vom German Department stellten sich meine üblichen Symptome ein: abnormale Vergeßlichkeit, Ungeschicklichkeit, alles fiel mir aus den Händen, einmal bin ich sogar auf der falschen Straßenseite Auto gefahren und war dem Polizisten, der mich anhielt, so dankbar, daß er mich ohne Strafzettel weiterfahren ließ. Am Ende hatte ich Wahnvorstellungen: Auf dem Weg nach Hause dachte ich mir, jemand habe Golda gekreuzigt, ganz deutlich stellte ich mir das vor, mit den schwarzweißen Markierungen, die sie so hübsch machten, scharf vorm inneren Auge. Und dachte ganz irrational: Zumindest sind die Kinder in Sicherheit. Dann kam ein Ruf aus Kalifornien, und ich übersiedelte, was mir obendrein noch zwei Zeilen in *Time* einbrachte. Damit ging mein älterer Sohn Percy, Student an der Yale University, bei seinen Kommilitonen stolz hausieren: meine Mutter und die Bürgerrechte.

Doch als Provokation hatte ich die Nummer auf meinem Arm nie verstanden, auch nicht als Entblößung. Erst als ich sie nicht mehr hatte, fiel mir auf, wie sehr sie beides gewesen war. Eine Selbstverständlichkeit, wie alles am eigenen Körper, auch die Narben oder etwas Mißgestaltetes. Doch für andere ein Anstoß, etwas Anstößiges, das man dem, der's hat, übelnimmt. Und die Kehrseite ist die Entblößung. Eigentlich sollte es nur die Entblößung der Naziverbrechen sein. Aber es funktioniert eben anders. Weil es am Körper ist. Ein bekannter amerikanischer Kritiker, Alfred Kazin, packte mich am Arm, sah sich die Nummer an wie andere Herren, vor allem Osteuropäer, deine Hand packen, um einen, auch nicht immer erwünschten, Handkuß darauf zu plazieren. Er meinte es gut, er beschwor mich, nur ja die Dissertation fertigzuschreiben, die »union card«, Eintrittskarte in die Gewerkschaft der Fakultät, und gleichzeitig nahm er sich eine, zwar nicht erotische, aber doch intime Vereinnahmung heraus. Meinte er ein Recht auf diese Überschreitung der privaten Grenzen zu haben, weil die Nummer ein Zeichen der Scham ist oder ein Grund für Stolz, auf jeden Fall die Trägerin zu einem öffentlichen Symbol macht? Oder weil wir beide Juden sind? Schäm dich. Oder das Gegenteil: Du brauchst dich nicht zu schämen. Gegenteil? Es kommt aufs selbe heraus. Bei einer Tagung des Internationalen Germanistenverbands hat ein Amateurphotograph mehrere Bilder von mir gemacht und mir dann einige geschickt. Einige, nicht alle. Auf einem stand ich mit verschränkten Armen, die Nummer direkt ins Gesicht des Beschauers. Eine Freundin war auch auf dem Bild, der hat er's geschickt, die hat's mir dann gezeigt. Ja, es war etwas Schockierendes dran, das sah ich plötzlich ein, aber als er den Schnappschuß machte, war ich mir dessen nicht bewußt gewesen, ich hab nicht darauf hinweisen wollen.

Der Anekdoten gibt es viele, sie häufen sich, sie widersprechen sich. Die Bekannte, die plötzlich über meine Armbanduhr zu faseln anfängt, ob das eine Herrenuhr sei, so groß, gar nicht schlecht. Eine Damenuhr wäre aber noch hübscher. In Wirklichkeit kaschiert sie ihr fasziniertes Starren auf die Tätowierung. An der US-kanadischen Grenze, wo man bis September 2001 ohne Paß, einfach mit einer Identifikation wie dem Führerschein, hin und her reisen konnte, wurde ein Beamter auf der amerikanischen Seite mißtrauisch, als er die Nummer sah, und hätte mich fast nicht nach Hause gelassen. Diesmal galt das Mißtrauen aber nicht dem Opfer, sondern eher einer Frau, die eines Verbrechens verdächtigt wurde, wofür sie wohl gebrandmarkt worden war.

Mit diesen und ähnlichen Erfahrungen war ich alt geworden und meinte, ich hätte sie im Griff, mir könne nichts mehr passieren in Sachen Voyeurismus, Ressentiments. Aber dann habe ich das Buch über meine Kindheit geschrieben, noch dazu auf deutsch, und da wollten die Leute die Nummer sehen, weil sie darüber gelesen hatten, sie besichtigen, bestaunen. Hat's weh getan? Diese Frage, so direkt sie scheint, ist merkwürdig irrelevant, denn sie lenkt ab vom eigentlichen Sinn einer solchen Markierung, nämlich der herdenmäßigen Herabsetzung des Menschen. Oftmals, als ich in Österreich oder in Deutschland aus »weiter leben« las, stand nachher in den Zeitungen etwas über die Nummer, einmal unter dem Titel: »Die Auschwitznummer nicht verdecken.« (Das ist ein Zitat aus »weiter leben«. Aber aus dem Zusammenhang gerissen.)

Das reichte mir. Nicht länger wollte ich wie die Opfer in Kafkas »Strafkolonie« das ungerechte, das absolute, das unverständliche und der Vernunft nicht zugängliche Gesetz eingeritzt im Körper haben. Die Nummer hat immer nur mit mir und den Ermordeten zu tun gehabt, und ich wünschte mir ein paar Jahre mit kurzen Ärmeln in der Sonne.

So kam es zum Abschied vom Bruder, der sich langsam auflöste, um eins zu werden mit den meisten Toten, die einmal die Erde bewohnt haben und an die sich niemand mehr erinnert, weil sie nichts zurückließen als die flüchtige Spur im Gedächtnis des einen oder anderen Lebenden. Die Nummer war das sichtbare Zeichen für eine solche Spur gewesen. Je langsamer eine alte Frau auf der Straße geht, desto schneller entfernt sie sich von den rückwärts laufenden Gestorbenen. Erst hielt der Schorschi nicht mehr Schritt mit mir, konnte nicht mehr neben mir herlaufen, dann verschwammen sein Gesicht und seine Gestalt, und nun kann ich ihn kaum noch von den anderen unterscheiden. Bald erkenne ich ihn nicht mehr.

2. DAS ENDE EINER MUTTER

In Los Angeles muß der einfache, ungeschmückte Holzsarg, den die jüdische Sitte vorschreibt, in ein Zementgehäuse eingebettet werden, bevor er in die Erde versenkt werden darf. Hygienemaßnahmen einer Behörde, die meint, die Toten verseuchten die Erde. Tote Menschen nämlich; tote Tiere werden nicht in Zement verpackt. Vielleicht verseuchen die Toten tatsächlich die Erde, aber falls sie's tun, so wird sie kein Lebender daran hindern.

Meine Mutter sah klein und verschrumpelt aus in den Stunden, als ich neben ihr saß, nachdem sie gestorben war, nicht eigentlich friedlich, eher erschöpft. Das Leben war in diesen letzten Tagen aus ihr herausgetröpfelt, und sie wollte nur ihre Ruhe haben. Im nachhinein tat mir's leid, daß ich sie fortwährend zu überreden suchte, sich aufzusetzen und Orangensaft zu trinken oder an den Tisch zu kommen zu einer Tasse Kaffee Hag und einem Stück Toast. Sekkiert hab ich sie, wie man in Wien sagt. Sie hatte schlicht keine Lust zu solchen Lustbarkeiten. Es schien, als wollte sie uns zu verstehen geben: Ich habe euch alle fast hundert Jahre lang ertragen, und jetzt möchte ich bitte keine Gesellschaft mehr. Man kann's einen guten Tod nennen, denn sie starb zu Hause, in ihrem eigenen Bett, immer noch bewegungsfähig, und sie hatte sich sogar eine halbe Stunde vor ihrem Tod auf die Toilette geschleppt, und das können Sterbende nur selten, sagte mir die Pflegerin, die bei ihr war. Aber ich meine, sowas wie einen guten Tod, das gibt's vielleicht gar nicht, denn ihr Körper verweigerte oft den Gehorsam, ihr Geist war anderswo oder nirgendwo, und sie war einem Unbehagen ausgesetzt, in das ich mich gar nicht versetzen und über das ich nur rätseln kann. Nicht gerade Schmerzen, aber vielleicht sogar ärger als Schmerzen. Wer weiß?

Ihre Denkkraft hatte nach und nach abgenommen, hatte sie sozusagen im Stich gelassen, so wie die Sehkraft, das Gleichgewicht und die Fähigkeit, sich zu orientieren. Ihr Bewußtsein war zur schmalen Flamme geworden, jetzt ein helles Licht, dann wieder flackernd, dann trüb. Ich begann zu ahnen, daß das Sterben kein plötzlich einschlagender Blitz ist, sondern eine ausgedehnte Geschichte, sogar wenn es kein scharfes Leiden oder langes Koma zu ertragen gibt. Das was in dir »Ich« sagt, stiehlt sich allmählich fort. An dem Nachmittag, als sie zu atmen aufhörte, war sie nur ein wenig mehr tot als zu Mittag, als ich sie zuletzt sah. Und wochenlang war ihre Seele, wenn Seele das richtige Wort ist, in ihrem verfallenen Körper ein und aus gegangen, so daß sie stolperte und Fehler machte, richtig reagierte und gleich darauf auf Falschmeldungen hereinfiel, sich zu uns und dann gleich wieder von uns abwandte.

Als die Männer kamen, um sie aus ihrem Haus zu tragen und ich die kleine Leiche zum letzten Mal sah (denn bei der Beerdigung war der Sarg, wie die Sitte es will, versiegelt), überkam mich ein trauriges Triumphgefühl, wenn der Widerspruch erlaubt ist, denn ein menschlicher Tod war's schon gewesen, da sie ja die bösen Zeiten überlebt hatte und ihrem eigenen Kalender entsprechend gestorben war, fast ein Jahrhundert nach ihrer Geburt. Und dann hatte ich doch wieder das Gefühl, sie sei wie eine alte Katze gestorben. Alte Katzen liegen am Lebensende einfach herum, schlafen fast durchgehend, schleichen gelegentlich zu ihrem Wasser und fressen wenig, aber sind immer noch sauber und verwechseln ihr Lager nicht mit der Sandkiste. Ansonsten sind sie fast blind, sehr lieb und leiden an aller Art tierischer Gebrechen. Sowohl meine Mutter als auch ich hatten solche Katzen gehabt und gehütet.

Sie hatte fast fünfzig Jahre in Kalifornien gelebt. Vorher war New York, wo sie nach einem Selbstmordversuch in einer psychiatrischen Anstalt Elektroschockbehandlungen erdulden mußte. »Es war die Hölle«, sagte sie. Und sie war damals, meines Erachtens, nicht verrückter gewesen als in den vorhergehenden Jahren. Dank ihrer Verfolgungsphantasien, die sich im KZ als genau richtig erwiesen, denn dort überstiegen die Verfolgungen noch die tollsten Phantasien, waren sie und ich am Leben geblieben. In Los Angeles richtete sie sich ein, fand einen Job und einen vierten Ehemann und kam mit dem Leben besser zurecht als viele andere Menschen ohne Vorbelastungen. Diese letzte Ehe war nicht unbedingt glücklich, denn ihr pathologisches Mißtrauen spielte ihr weiterhin Streiche, doch die beiden lebten fast vierzig Jahre miteinander. Mein Stiefvater starb im Alter von 91 Jahren, und sie wurde neben ihm begraben, wie sie es beide gewünscht hatten. Nicht ganz Baucis und Philemon, doch alles in allem waren sie und er wohl gut füreinander gewesen. In ihren letzten elf Jahren war sie wieder Witwe.

Ich hatte mir fest vorgenommen, alles daranzusetzen, um ihr den Tod im Spital zu ersparen, denn für sie war jedes Spital ein KZ, und das gelang mir dank eines verständnisvollen

Arztes auch. Grundlos entließ meine Mutter Bedienerinnen und Pflegerinnen, wenn immer es eine gut mit ihr meinte, weil sie nicht glaubte, man könne es gut mit ihr meinen, und ließ sich ein neues Türschloß montieren, aus Angst, die Entlassenen könnten bei ihr einbrechen. Natürlich wurde sie bestohlen, wie die meisten alten, allein lebenden Menschen. Nach ihrem Tod fand sich kein Pfennig Geld in der Wohnung, keine Wertgegenstände – nicht daß sie viel dergleichen gehabt hätte, aber es hat doch jeder etwas –, und sogar ihr Kleiderbestand war erstaunlich verringert. Aber sie mißtraute den falschen Leuten. Sie argwöhnte, daß ihre Enkel ihr das kleine Haus wegnehmen und sie in »eine Irrenanstalt stopfen« würden. Ich schrie sie an: »Meine Kinder sind doch keine Verbrecher!« Sie verdächtigte auch die Nachbarn, die sie gerne spazierengehen sahen; ihren Arzt, einen gebürtigen Pakistani, der ihr mit dem Respekt, den man in seiner Heimat für ältere Leute hat, entgegenkam. Wenn wir an einer Unfallstelle vorbeifuhren und sie sah Polizei, verdunkelte sich ihr Gesicht. »Siehst du«, sagte sie, »da sind sie schon. Die suchen mich.« Sie fürchtete, deportiert zu werden, weil sie sich auf ihren Einwanderungspapieren vor einer halben Ewigkeit sechs Jahre jünger gemacht hatte. Ich versuchte ihr das auszureden: »Du hast dem Staat sechs Jahre Sozialversicherung und Alterskrankenversorgung erspart. Eine Medaille werden sie dir geben, falls sie's herausfinden!« Und weil sie Angst vor den Deutschen hatte, weigerte sie sich standhaft, in Deutschland für die ihr zustehende Wiedergutmachungspension anzusuchen. Vielleicht war sie auch zu stolz, um von den Mördern ihrer Familie eine Zahlung anzunehmen. Aber vor allem war der Grund Angst.

Als ihre Denkfähigkeit mehr und mehr abnahm, tastete

sich ihr Geist zu den Orten der Kindheit zurück und zu dem kleinen tschechischen Dorf, wo ihr Vater ein prominenter Mann, nämlich der Direktor der Zuckerfabrik, gewesen war. Sie rief mich mit Kinderstimme und beim Namen ihrer älteren Schwester mit der Bitte, ihr beim Anziehen zu helfen, zum Beispiel den Reißverschluß am Rücken zuzuziehen. So merkte ich zu meinem Erstaunen, daß sie meine Tante einmal geliebt und sich auf sie verlassen hatte, während ich die zwei ewig miteinander zankenden Schwestern nur als Gegnerinnen gekannt hatte. Ich kam sie abholen, um mit ihr in ein Restaurant zum Mittagessen zu fahren. Das mochte sie. Aber zuerst weigerte sie sich, denn sie müsse doch in die Schule gehen. »Der Papa wartet schon auf mich«, sagte sie mit wichtiger Miene. Ich erklärte ihr, daß heute keine Schule sei, und sie strahlte, weil sie schwänzen durfte. Im Restaurant bestellte sie gern Cremesuppen, wie sie in Wien mit Einbrenn gemacht werden, auch Blintzes, die den Wiener Palatschinken nicht unähnlich sind.

Und bis zum Ende ließ sie sich gern im Auto herumchauffieren und bestaunte die schönen Bäume und die großen Häuser. Die Farben der Autos und die Farben der Verkehrsampeln hatten es ihr angetan, und sie freute sich wie eine Schneekönigin, wenn sie grüne und rote Autos mit den Lichtern koordinieren konnte. Während der letzten Wochen und Monate schien sie die ganze Nazizeit vergessen zu haben. Sie war wieder auf den tschechischen Wiesen ihrer ersten Jahre mit ihren kleinen Spielkameraden. Sie hatte eine Lieblingsziege und einen Karren, den die Ziege ziehen konnte, und sie saß im Karren und war restlos zufrieden. Es gab nur die Felder und Tiere, einen Vater, der sie verwöhnte, und sie spielte mit den anderen Dorfkindern und lief barfuß herum.

Bei ihrer Beerdigung war kein Trauernder ihrer Generation anwesend. Sie hatte die Zeitgenossen überlebt. Aber ihre letzte große Liebe war da – meine Enkelin Isabela, mit einem l (oder Isabelita, wie ich die kleine Kalifornierin manchmal rufe), ein vierjähriges Mäderl. Für Isabela war die Urgroßmutter ein Mensch gewesen, der in vieler Hinsicht so wie sie fühlte und dachte, mehr oder minder auf derselben Entwicklungsstufe stand, und sie war nicht abgeschreckt von einem Gesicht, das andere Kinder oft als hexenartig empfanden, weil es faltig und verwüstet wie eine Maske war. Isabela erkannte das kindliche Gemüt hinter der Maske und erfand Spiele and Späße für die alte Dame und schmeichelte ihr und liebkoste sie. Die schwachen Augen meiner Mutter leuchteten auf, wenn das Kind das Zimmer betrat. Sobald Isabela laufen konnte, brachte sie der Urgroßmutter Obst in der Schale, als sei sie Rotkäppchen höchstpersönlich, und meine Mutter rief: »Ein Wunderkind!« Im Freien gingen sie Hand in Hand, keine von beiden sehr fest auf den Füßen, die Kleine, die's noch nicht recht konnte, die Alte, die schon Mühe damit hatte. In einem Restaurant bestimmte Isabela, jetzt sei meine Mutter ihre Puppe, und schob ihr löffelweise Schokoladepudding in den Mund, den meine Mutter gehorsam öffnete. Zu Hause bewarfen sie einander manchmal mit Eßbarem. Isabelas Vater – mein Sohn – sagte dann seufzend: »Unappetitlich ist das schon, aber eigentlich ist es ja wurscht.« Isabela war auch mit der Hauskatze befreundet. Bevor sie sprechen konnte, hatte ihre eigene Mutter, meine Schwiegertochter, ihr ein wenig Babyzeichensprache beigebracht, das war gerade Mode geworden unter den jungen Müttern. Isabela machte dementsprechend das Katzenzeichen (eine Andeutung von einem Katzenschnurrbart), wenn sie auf Besuch kam. Dann starb die Katze, und wir mußten das Unerklärliche erklären. Aber Isabela hat weiter das Katzenzeichen gemacht, auch als es keine Katze mehr gab, und sogar, als sie das Wort »cat« schon sagen konnte. Doch für eine tote Urgroßmutter gab und gibt es kein Zeichen.

Isabela war wie erstarrt, als sie erfuhr, daß sie ihre Urgroßmama Alma nicht wiedersehen würde. So merkwürdig es klingt, so hatte sie doch eine hochgeschätzte Spielkameradin verloren und konnte einfach nicht verstehen, wie sowas passieren konnte. Bei der Beerdigung sah sie mit tränenlosem, weit offenem und verängstigtem Blick auf die ungewohnte Umgebung, ein kleiner Mensch, der den ersten großen Verlust seines Lebens verdauen mußte. Zum ersten Mal wehte ihr der böse Wind der vergehenden Zeit ins Gesicht, dieser schleichende, unsichtbare Dieb, der mehr Kraft hat als jeder Orkan. Ich schenkte ihr ein paar Nippessachen aus dem Haus meiner Mutter, die sie mit ernster Miene akzeptierte, und dann noch eine Blume, die sie auf den Sarg werfen durfte, obwohl die Zementeinfassung die traditionelle Geste einigermaßen entwertete.

Ich schau auf einen Schnappschuß von den zweien, wie sie sich umarmen und die Nasen aneinanderreiben, mit gegenseitigem Glücksausdruck, ganz eingespielt aufeinander, das Mäderl, die eine Frau des 21. Jahrhunderts sein wird, und die Frau, die am Anfang des 20. Jahrhunderts ein Mädchen war, zwei Menschen, die genetisch und durch Zuneigung einander verbunden sind. Auf der einen Seite das Kind, das noch das Denken lernt, auf der anderen die Frau, die einmal einen halbwüchsigen Sohn an anonyme Mörder, die man nicht zur Rechenschaft ziehen kann, verlor und die das Denken weitgehend verlernt hat. Mehr als neunzig Jahre lagen zwischen ihnen, doch wann immer sie beisammen waren, kichernd und schwatzend, trafen sie sich in einer vermenschlichten Gegenwart, die stillstand für sie, wie in Bernstein bewahrt, von Zeit und Raum gelöst, vielleicht gar erlöst – wer weiß?

3. STERBEN IM EXIL

Ich kam von einer zweiwöchigen Reise nach Hause und
hatte, noch bevor ich den Koffer auspackte, nichts Eiligeres
zu tun, als mich an den Computer zu setzen, um die E-Mails
zu lesen. Da stand in einer kurzen und doch umständlich
formulierten Nachricht, daß Heinz nicht mehr unter uns
weile, in schamhaft verschnörkeltem Englisch stand's da.
Eine Telefonnummer war dabei aus der kleinen Stadt, wo
mein 83jähriger Cousin in einem schäbigen Haus mit Hund
und einem jüngeren Mann, Chris, einem Aussteiger, den er
irgendwie aufgelesen hatte und der ihn umsorgte, langsam
verblödete.

Ich wählte die Nummer, und als sich der automatische Beantworter meldete, schrie ich in ungeduldiger Sorge: »Wieso? Was ist geschehen? Ist von meinem Cousin Heinz die
Rede? Was soll das heißen, er weilt nicht mehr unter uns? Ist
er gestorben? Wieso so plötzlich? Wann? Wie?« Ein paar
Stunden später erfuhr ich, was passiert war. Es war ein gräßlicher Unfall, wie er alten Leuten passiert, jüngeren auch,
aber bei den alten öfter: Er ist verbrannt.

Sein Mitbewohner Chris war mit dem Hund ausgegangen, es war saukalt, Heinz war noch im Bett, ging schließlich
in die Küche, um sich Teewasser aufzustellen; sein Pyjama
fing Feuer, und Chris fand ihn noch lebend, aber nackt, am

Küchenboden liegend. Der Pyjama war gänzlich vom Feuer gefressen, wie die Haut ausgeschaut hat, wollte ich gar nicht wissen, will's noch immer nicht, obwohl's mich heimsucht. Der Schmerz. Der Versuch, sich das brennende Zeug vom Leib zu reißen, sogar die griechische Mythologie hat diesen Schrecken verarbeitet. Heinz noch bei Bewußtsein, das er erst im Notarztwagen verlor, als der Schock kam, er starb, bevor er per Hubschrauber im Brandzentrum der Klinik von Chicago eingeliefert wurde.

Heinz stammte wie ich aus Wien, den Holocaust hatte er in Ungarn mit seiner Familie unter falschem Namen überlebt, er war dort in die Schule gegangen, hatte Ungarisch gelernt, aber er könne es gar nicht gut, sagte er, und trotzdem halten sie mich für einen Ungarn, wenn ich dort auf Besuch bin, weil sonst niemand ihre Sprache kann. Jetzt ist er doch noch in einem Gewaltakt, wenn auch keinem durch menschliche Bosheit verursachten, ums Leben gekommen.

Immer hat er mir (nur halb im Scherz) vorgeworfen, ihm seinen achten Geburtstag verdorben zu haben, weil seine Mutter, statt diesen großen Tag mit ihm zu feiern, mit ihrer jüngeren Schwester beschäftigt war, die gerade ein Kind, nämlich mich, zur Welt brachte. Wir teilten also – mit achtjährigem Abstand – einen Geburtstag, vergaßen daher auch nie, einander zu gratulieren, wenn auch nur telefonisch oder mittels Geburtstagskarte.

Ich war die einzige ungefähr gleichaltrige Verwandte, die noch übrig war, um zur Beerdigung zu kommen. Von meinen beiden Söhnen schaffte es nur Percy, der ältere, der in Costa Rica lebt; der buchte sofort einen Flug. Dann fiel mir ein, daß ein weiterer, wenn auch entfernter Cousin in England war, den wir nur ein wenig kannten, auch den riefen wir an. Zu meinem Erstaunen kam auch er von London angereist, sodaß schließlich drei Familienmitglieder anwesend waren.

Zögernd sagte mir Percy: »Weißt du, daß Heinz katholisch war?« Ich fiel aus allen Wolken. Ja, das habe er durch Zufall erfahren, von einer Frau, die am selben Gottesdienst teilnahm wie Heinz. Warum erfahre ich das erst jetzt, erkundigte ich mich. Weil, so das gute Kind, er es anscheinend geheimhalten wollte, also hab ich es geheimgehalten – meine rücksichtsvollen Kinder.

Aber die Frage nach dem Warum läßt mich nicht los. Gewiß war Heinz senil geworden in seinen letzten Jahren, aber zum Christentum, so scheint's, war er schon vorher übergetreten. Die Frage beschäftigt mich, läßt sich nicht verscheuchen: Warum? Wie einsam muß er gewesen sein. Heinz war nie religiös gewesen und hat sich gelegentlich damit blamiert, weil er berühmte Protestanten nicht von berühmten Katholiken unterscheiden konnte. Er war Jude, wie ich es bin, vielleicht noch weniger. Was hat ihn nur bewogen, zu konvertieren, sich taufen zu lassen, was unter Juden meist mit Verachtung quittiert wird, da kaum ein Jude dem Konvertierten den Glauben an den Gottessohn abnimmt?

Heinz war schwul, was er keineswegs verheimlicht hat. Als sich das Tabu gegenüber der Homosexualität lockerte und man in der Öffentlichkeit darüber sprechen durfte, hat er darüber gesprochen, sogar passioniert und vehement. Seine Mutter ist daran zerbrochen. Sie war eine dumme Frau, die sich auf nichts Neues einstellen konnte und eigentlich nicht einmal wollte, daß ihr einziges Kind einen Ehepartner fände. Sie dachte wohl, sie könnte ihn ihr Leben lang behalten, wenn sie ihm die Freundinnen vermieste, und dann kam er mit jungen Männern angerückt und bestand darauf, auch das sei Liebe. Oft hat er mich darüber aufgeklärt, als wisse ich es nicht, daß auch Homosexuelle im KZ waren. Also warum die Geheimnistuerei um die Taufe? Am ehesten wohl, weil die Taufe bei Juden verpönt ist, die Homosexualität aber nur bei den sehr frommen.

Wir kamen alle aus verschiedenen Richtungen zum Begräbnis; Percy und ich trafen uns in einem Hotel nahe dem Flughafen O'Hare und fuhren am nächsten Tag im Mietauto durch die klirrende Kälte nach DeKalb, einer Stadt, in der im späten 19. Jahrhundert der Stacheldraht erfunden wurde. An der dortigen Universität hatte Heinz viele Jahre Deutsch unterrichtet. Michael, der Cousin dritten Grades aus London, war schon da, als wir eintrafen.

Ich hab Heinz in den letzten Jahren einmal im Monat angerufen, aus Pflichtgefühl. Er hat mich immer schlechter verstanden, egal, ob wir deutsch oder englisch redeten. Er konnte die Wörter, die von außen kamen, nicht mehr recht verarbeiten, und eigene Wörter fielen ihm nicht mehr ein, er rief Chris zu Hilfe, aber auch der konnte nicht viel helfen, wenn Heinz nicht nur nicht wußte, wie er etwas formulieren sollte, sondern auch, was er eigentlich sagen wollte. Man kennt diese Gedächtnisschwierigkeiten, jeder, der alt ist, klagt darüber, und daher graute es mir, sie so ausgeprägt bei einem Blutsverwandten zu finden. Aber er war mir ja acht Jahre voraus, tröstete ich mich.

Er lag in einem Newman Center aufgebahrt, das wie viele katholische Treffpunkte in vorwiegend protestantischen, englischsprechenden Colleges und Universitäten nach einem anglikanischen Bischof des 19. Jahrhunderts benannt war, der zum Katholizismus übertrat. Es war also keine richtige Kirche, eher ein Veranstaltungsort für die Aktivitäten katholischer Studenten. Da stand der Sarg auf einem Podest, groß, mit einem weißen Leintuch drüber und auf dem Leintuch ein riesiges gelbes Kreuz. (Ein gelbes Judenkreuz, dachte ich unvermittelt, die ich seinerzeit den Judenstern trug.) Vor dem Podest ein Porträt von Heinz, sitzend, mit Hund. Zusammengepaßt hat das nicht, das Bild vom toten Juden mit Hund, die kleine katholische Gemeinde mit nicht weniger als drei Priestern. Er war ein Hundenarr gewesen, hatte immer einen, setzte sich für den Schutz von Haustieren ein, und einmal, als er ein paar Welpen verschenkt hatte, inspizierte er deren neue Lebensumstände und holte einen zurück, weil er fand, das Tier werde nicht gut behandelt – sehr zur Empörung der neuen Besitzer, die sich für tierliebend hielten und sich in ihrer Ehre angegriffen fühlten. Es gab einen ordentlichen Krach, aber Heinz konnte Zähne zeigen, wenn er von seinem und seiner Hunde Recht überzeugt war. Oft habe ich mich gefragt, was es mit der eigentümlichen Beziehung von Menschen zu Haustieren auf sich hat. Bei Heinz fiel vielleicht besonders die unkritische Devotion der Haustiere ins Gewicht, nicht nur ließen sie ihn leben, so wie er war, sie bestätigten sein durch das Exil und seine Unzulänglichkeiten angeschlagenes Selbstwertgefühl.

Mehrere seiner Freunde stiegen aufs Podium und packten Erinnerungen aus, und jeder hatte etwas über seinen Hundefimmel zu sagen. Worüber sie nicht sprachen, war, daß er einmal Jude gewesen war, wie er die Hitlerzeit überstanden hatte, auch von seiner Homosexualität war nicht die Rede, also von all dem, was sein Leben ausmachte. Wir drei, seine Familie, waren nicht gefragt worden, ihm einen kurzen Nachruf zu widmen, nur Percy durfte eine Stelle aus dem Alten Testament vorlesen. Gut liest er, dachte ich, Brille trägt er, ist nicht anders zu erwarten, wo er doch über fünfzig geworden ist – mein Gott, die Kinder werden alt –, fesch und schlank ist er immer noch. Automatische Mutterreaktionen, egal wo und wann, ob passend oder unpassend.

Drei Priester und viel Weihrauch. Gebete und Gesang. Niederknien und aufstehen. Wir standen auf, aber wir knieten nicht, wir setzten uns. »Eine aerobische Religion«, flüsterte Percy, dem das alles noch fremder war als mir und unserem britischen Verwandten. Das alles wäre ökumenisch und politisch korrekt und in Ordnung gewesen, und sogar geistig anregend, wenn nicht mitten drin Heinz, der Sohn von der Tante Thesi, gelegen wäre, wie einer, der in der Wüste verlorenging.

Nachher standen Percy, Michael und ich beisammen. Ich war die einzige, die die Verwandten gekannt hatte, von denen die Rede war, zum Beispiel Michaels Großvater Josef, der fromme Jude der Familie, der die jährliche Pessachfeier leitete. Michael gehörte wie seine Mutter der anglikanischen Kirche an, und er sprach britisches Englisch, mein Sohn amerikanisches, und Heinz und ich waren mit unserem Wiener Deutsch aufgewachsen, unser Akzent verriet unsere Herkunft. Ja, sagte Michael, sein Vater habe oft geseufzt, er habe sich in seiner Jugend sowas gar nicht vorstellen können, daß alles und alle so weit auseinandergerissen sein würden. Er hat Erinnerungen hinterlassen. Michaels Frau hat mir die Aufzeichnungen ihres Schwiegervaters geschickt, in denen in teils fehlerhaftem Englisch manches über unsere Verwandten in Argentinien und Kanada aufgeschrieben stand. In Kanada hab ich als Achtzehnjährige noch Verwandte besucht; sie besaßen eine Wollfabrik und wollten mir einen Pullover schenken, aber ich wollte keinen Pullover, ich wollte

Familie oder gar nichts. Wie verstreut wir alle sind, die, die noch leben. Wie wenig haben wir doch unternommen, um einander zu finden. Schämen wir uns der Vertreibung, daß wir nicht genau wissen oder wissen wollen, wie viele noch da sind und wo? Immerhin, Michael ist aus London angeflogen.

Michaels Vater Hans berichtet in seinen Erinnerungen penibel von den Grausamkeiten, die er als Teenager in Wiener Gefängnissen und in Dachau durchzustehen hatte – und zwar mit einer abgrundtiefen Verachtung, die ihn sehr sympathisch macht. Die Nazis ließen ihn dann doch frei, und es gelang ihm, rechtzeitig nach England zu entkommen. Michael und Percy, Söhne zweier Überlebender, die aus gutem Grund kein Deutsch können.

Heinz war fast jeden Sommer nach Kalifornien gekommen und wohnte manchmal bei mir, meist aber bei meiner Mutter, die er nach Strich und Faden ausnützte. Nie brachte er ihr ein Geschenk, im Gegenteil. Wenn sie ins Restaurant gingen und die Rechnung kam, rief er: »Tante, zahl du!« Und meine Mutter wunderte sich zwar, aber sie zahlte und fühlte sich überlegen. Es kostete sie nicht viel, denn meine Mutter ging nur in billige Restaurants, weil ihr der Begriff Inflation zwar bekannt war, sie ihn aber innerlich nicht verarbeitet hatte und ihr im Alter alles sündhaft teuer vorkam.

Nach dem Gottesdienst folgte das Begräbnis im Freien, wo man es der Kälte wegen nur ein paar Minuten aushielt. Ein offenes Zelt war über den Sarg gespannt worden, so daß wir wenigstens etwas Schutz vor dem Wind hatten. Der Sarg stand über dem Grab und würde erst später hineingesenkt werden. Es herrschte sogar für die Gegend um Chicago, die diesbezüglich einiges gewohnt ist, eine Jahrhundertkälte. Zähneklappernd liefen wir zu den Autos zurück.

Nachher gab's noch einen Empfang bei Freunden des Verstorbenen, und da wurde ich, als nächste Verwandte, aufgefordert, über Heinz zu sprechen. Ich erinnerte an unsere Kindheit, betonte, daß er Jude gewesen war, und war gar nicht sicher, wie und ob das ankam. Chris, den ich an diesem Tag zum ersten Mal persönlich und nicht nur als Stimme am Telefon kennenlernte, sah verwahrlost und zerrüttet aus. Ich fragte ihn, ob er auch Katholik sei, was er bejahte, er gestand aber bekümmert, er sei schon seit Jahren nicht zur Beichte gegangen, woraus ich schloß, daß er gläubig war. Mehrmals erwähnte er, welch schlechtes Gewissen Heinz gehabt habe, weil er nicht bei seiner Mutter gewesen war, als sie ihn brauchte. Tante Thesi und er waren nach dem Krieg noch ein paar Jahre in Wien geblieben und hatten mit Hilfe von Anwälten einiges von ihrem Eigentum zurückbekommen; Heinz begann dort Volkswirtschaft zu studieren. In Amerika hatte er zuerst bei einer Bank gearbeitet, hatte dann auf Germanistik umgesattelt und später, wie ich, in mehreren Staaten gelebt, gelernt und gelehrt. Tante Thesi hielt es nicht lange in New York aus. Die sexuelle Veranlagung ihres Sohnes hat wohl zur Entfremdung geführt. Sie kehrte nach Wien zurück und starb dort nach kurzer Zeit. Die Ursache war und ist mir unklar, und Heinz sprach manchmal, als habe jemand sie umgebracht. Vielleicht meinte er sich selbst. (Ich versuchte mir Heinz bei der Beichte vorzustellen, schob das Bild aber schnell als etwas Ungehöriges beiseite.)

»Das«, sagte Percy, als wir zum Hotel in Chicago zurückfuhren, »ist sicher das letzte Mal, daß ich mich in DeKalb aufhalte.« »Außer«, versuchte ich zu scherzen, »wenn dein Sohn Raphael darauf besteht, daß die University of Northern Illinois die einzige Uni ist, an der er studieren will.« Mein

Witz wurde nicht mit der gebührenden Ironie aufgenommen. Wir wärmten uns in meinem Hotelzimmer, bestellten Wein und Käse und kramten Erinnerungen an Heinz hervor. Die erste, eine alte Familienanekdote, handelte davon, wie er mit einer Schachtel Pralinen für seinen neugeborenen Neffen Percy angerückt kam. Ich hätte alles mögliche für das Baby benötigt, Schokolade brauchte ich nicht. »Aber Kinder mögen doch Süßes«, verteidigte sich Heinz. Was er damit sagen wollte: Warum soll ich, ein Junggeselle, es besser wissen? Natürlich wußte auch er es besser. Es war ihm einfach egal, ob sein Geschenk zu gebrauchen war oder nicht. Percy mochte ihn dennoch, er war ja einer der wenigen Verwandten, die unsere Kinder haben.

Ich hingegen mochte Heinz nicht. Jahrelang hatte ich versucht, ihn zu mögen; ich bin sogar einmal mit ihm auf eine Reise gegangen, wobei er sich als nicht einmal schlechter Reisegefährte herausstellte, auch nicht als besonders guter, es ging, ein zweites Mal habe ich es aber nicht versucht. Man konnte nichts Rechtes mit ihm anfangen, auch keine Gespräche führen, weil er sich von Gott und der Welt benachteiligt fühlte und weil er deshalb immer etwas von Gott und der Welt wollte und nichts zurückgab. Auf keinen Fall wollte er Geld ausgeben. Ich merkte das erst bei den Hochzeiten meiner Söhne, zu denen er sich gern hatte einladen lassen, aber er hat ihnen jeweils nur ein elendes Stück altes Silber gegeben, irgendeinen Löffel, wie man ihn auf jedem Flohmarkt kaufen kann, nur daß er solche Sachen noch aus Europa hatte und nicht einmal kaufen mußte. Den Kindern war's egal, die habe ich diesbezüglich richtig erzogen, nämlich mit der Freudschen Theorie, daß Geld sublimierte Scheiße ist, man soll's nicht ernst nehmen, man ist ja kein Kind mehr. Aber daß der

Heinz auch in diesem Fall kindisch war, ist mir dabei aufgefallen. Percy zuckt die Achseln: »War doch in Ordnung, der Löffel. Ganz hübsch sogar, wenn auch unbrauchbar.« Jahrelang waren Heinz und ich zerkracht, dann wieder leidlich versöhnt, weil meine Mutter ihn immer wieder eingeladen hat, und nach ihrem Tod habe ich ihn eben monatlich angerufen, weil ich fand, das gehöre sich. Zu ihrer Beerdigung ist er nicht gekommen, auch daran dachte ich, als ihr Enkel vor versammeltem katholischem Publikum die Stelle aus der Bibel las.

Nach dem Krieg, auf der Rückreise von Budapest nach Wien, sind er und seine Familie im Zug ausgeraubt worden, von russischen Soldaten, sagt er, und das war etwas, was er nicht verwunden hat. Anderen ist Ärgeres passiert, dachte ich immer, wenn er diese Geschichte erzählte, sogar deiner kleinen Cousine, verstehst du das nicht? Aber gesagt hab ich's nicht, denn so ein Überfall ist ein Schrecken, und daß andere ermordet wurden, ist kein Trost und als Gegenüberstellung nicht besonders dienlich. Auch ihm ist Ärgeres passiert: Sein Vater starb plötzlich, als die Familie wieder in Wien war, und Heinz sprach über diesen Tod mit derselben Fassungslosigkeit wie über den Überfall im Zug. In seiner Stimme lag weniger Trauer als Entrüstung über das, was ihm entwendet worden war, einschließlich des Vaters. Es war ein Leben voller Verluste, vielleicht mußte er sich darum an alles klammern, was blieb, auch wenn es wertlos war, wie etwa die medizinischen Fachbücher meines Vaters. Darüber gleich mehr.

Ich besaß einen kleinen Teppich, einen Läufer, den meine Mutter aus Wien mitgebracht hatte und mir gab. Wegen der vielen Umzüge und der vielen Jobs lag mir an solchen Sachen nichts. Als Heinz ihn sah, behauptete er sofort, er gehöre ihm, er sei im Hause seiner Eltern gelegen. Ich antwortete, bitte, nimm ihn, er liegt hier nur herum, ich will ihn gar nicht, du kannst ihn haben. Er aber schwitzte vor Aufregung, hatte sich die Szene offenbar im vorhinein überlegt, und jetzt war's zu leicht. Er mußte mich überzeugen, daß er im Recht war. Ja, woher soll ich denn wissen, wo der verdammte Läufer gelegen ist, bei euch oder bei uns, ich war viel zu klein damals, um mir sowas zu merken oder es überhaupt zu bemerken. Er nahm ihn, er hatte gewonnen, aber er schien zu fühlen, daß etwas ungeklärt blieb, weil ich ihm das Ding mit Schulterzucken abgegeben hatte.

Mit Büchern war's anders, die wollte ich durchaus. Die Bücher meines Vaters waren in Wien noch vorhanden, aber Heinz kam zuerst und wollte mich nicht an den Ort lassen, wo sie aufbewahrt waren. Das seien nur medizinische Fachbücher, behauptete er. Gut, dann nehme ich das eine oder andere medizinische Buch als Andenken mit nach Amerika. Vielleicht sind auch andere dabei? Er wollte die Bücher selber haben. Schließlich brachte er mir eine zweibändige Ausgabe von Oswald Spenglers »Untergang des Abendlandes«, ich nahm sie mit und las sie drei Jahre später in New York, und war schon ganz deprimiert über die Zukunft unserer Welt, bis ich zu der Stelle kam, wo Spengler leichtfertig meint, ein jüdischer General, den es im Dreißigjährigen Krieg gegeben haben soll, hätte mit seinem semitischen Hirn nichts, aber schon gar nichts von diesem Konflikt verstehen können. Danach war Spengler keine Autorität mehr für mich, und ich glaubte auch wieder an die Zukunft des Westens. Viele Jahre später, als ich bereits in Kalifornien lebte, brachte mir Heinz noch eine alte Ausgabe der Gedichte von Hugo von Hofmannsthal, zu einem Zeitpunkt, als ich längst eine gute Ausgabe dieses Dichters besaß. Das sei ebenfalls unter meines Vaters Büchern gewesen. Da verstand ich, daß er mir ein Stück meines geistigen Erbes, etwas was mir gezeigt hätte, welche Autoren mein Vater schätzte, einfach unterschlagen hatte, und von da an mochte ich meinen Cousin überhaupt nicht mehr. Ich habe meine eigenen Bücher und bin in einem Lebensstadium angekommen, wo man alles lieber hergibt, als die Wohnung mit weiterem schriftlichen Kram anzureichern. »Das Buch gefällt dir?« sage ich zu Freundinnen und Kindern, die auf Besuch kommen, »bitte nimm's dir, du tust mir einen Gefallen, ich hab sowieso keinen Platz mehr.« Aber damals hätte ich gerne in Papas Bibliothek gestöbert.

Warum ist mir der Tod von Heinz dann so nahegegangen? Weil es ein gräßlicher Tod war, das ist das eine. Niemand sollte durch Verbrennen sterben. Welche Juden denken da nicht an die Krematorien der Vernichtungslager, auch wenn sie das als unangebracht gleich wieder verwerfen? Das andere war diese Totenfeier, dieses Begräbnis, diese Kälte – sie waren der Inbegriff von Diaspora, von Zerstreuung an Orte, wo man nicht hingehört, die Fremdheit, die er irgendwie zu überwinden gesucht hatte, indem er sich einer Kirchengemeinde anschloß. Ein Gedicht von Guido Zernatto, das dieser im Exil schrieb, enthält die Verse:

»Dieser Wind der fremden Kontinente
Hat den Atem einer andern Zeit.
Andre Menschen, einer andern Welt geboren,
Mag's erfrischen. Ich bin hier verloren
Wie ein Waldtier, das in Winternächten schreit.«

Steckte in ihm auch so ein schreiendes Waldtier? Seine Identität war früh schon in Frage gestellt worden. Die Jahre in Ungarn, mit falschen Papieren, dann die mißlungene Heimkehr nach Wien, wo er gleich den Vater verlor, und dann das fremde Amerika, wo er sich schlecht und recht, wie wir alle, zurecht zu finden suchte. Manchen gelingt's fabelhaft, anderen weniger. War er je glücklich? Wo ist es ihm je gutgegangen? Vieles, besonders in seinem Verhältnis zu den Menschen um ihn, bleibt mir unverständlich. Offensichtlich hatte er Freunde, was ich ihm gar nicht zugetraut hatte. Nach seiner Pensionierung wollte er immer nach Kalifornien ziehen, hat's aber dann doch bleiben lassen und nur regelmäßig über die Kälte im Mittleren Westen geklagt.

Das Andenken an Heinz zeichnet sich vor meinen alternden Augen mit der Klarheit und der weißen Härte eines Eiszapfens ab.

ZWEI

Neue Welt

So also ist es gewesen.
– Man frage bitte nicht, was.
Ich habe die Scherben wieder aufgelesen.
Aber alle Scherben zusammen
machen noch immer kein Glas.

MASCHA KALÉKO, »DAS«

I. DAS AKADEMISCHE DORF

Die Welt der Germanisten ist klein. In Amerika, wo die Germanistik immer mehr zu einem Orchideenfach schrumpft, ist sie so klein, daß jeder jeden kennt, der irgendwann einen Aufsatz geschrieben oder an einer Tagung teilgenommen hat. Literaturwissenschaftler sind von Haus aus geschwätzig und tratschen gern. Kein Wunder, läßt sich doch die ganze Literatur als ein großer Tratsch bezeichnen, mit fast nichts anderem als Liebesaffären und gewaltsamen Todesfällen, Unzucht und Verrat, Opfermut und Feigheit, alles groß angelegt und herzerhebend. Diese Feststellung wird meist etwas betreten aufgenommen, aber zum Widerspruch reicht der Widerstand kaum. Das Beweismaterial ist zu umfangreich. In unseren Privatleben geht's natürlich nicht so hochgemut zu wie in den Geschichten, die wir den Studenten zur hochnäsigen Interpretation vorlegen, umso mehr Grund, sich an das Wenige zu klammern, was im Umgang miteinander ein bisschen aus der Art schlägt. Über mich geht seit Jahren ein Gerücht um, das seinen Weg auch nach Deutschland gefunden hat, gern erzählt und überall anders ausgeschmückt wird. Professoren, die kein Wort kennen, das ich geschrieben habe, und auch sonst nichts über mich wissen, amüsieren sich bei der Anekdote, ich hätte einem Kollegen an der renommierten Princeton Universität, wo ich Vorsitzende des German

Department war, bei einer Cocktailparty schwungvoll ein Glas Rotwein ins Gesicht geschüttet. »Mit der ist nicht gut Kirschen essen«, heißt es dann, und: »Die hat Haare auf den Zähnen.« Wenn mich dann einer kennenlernt und merkt, daß ich mit oder ohne Haare auf den Zähnen nicht beiße, dann nimmt er sich ein Herz und fragt, ob das mit dem Rotwein stimme. Bedauernd schüttle ich den Kopf und sage nein. Enttäuschung oder Zweifel machen sich auf dem Gesicht des Fragenden bemerkbar; da füge ich tröstlich und berichtigend (wir sind sozusagen vereidigte Pedanten) hinzu: »Es war leider nur Weißwein.« Und wenn sich die Züge meines Gesprächspartners aufhellen, füge ich noch an: »Aber ein Stückerl Eis war erfreulicherweise drin. Es war nämlich während eines kleinen Umtrunks im Deutschen Seminar, und der Wein konnte nicht kalt gestellt werden. In Europa«, sage ich noch entschuldigend und im Bewußtsein, es mit einem zivilisierteren Menschen, als die Amerikaner es sind, zu tun zu haben, »würde das nicht vorkommen, das mit Eis im Wein, aber in Amerika herrscht nur hier und da eine ordentliche Weinkultur.« Dem Kollegen geht's natürlich nicht um die amerikanische Weinkultur und deren Mängel, sondern um den weiblich-professoralen Wutanfall. Was denn der Anlaß gewesen sei? Da weiche ich aus. Erkläre lieber meine Theorie gewalttätigen Verhaltens, will sagen, wann, wo und wie eine erwachsene Frau es sich leisten kann und eventuell soll, in einem Kreis gesitteter Mitmenschen handgreiflich zu werden.

Diese gut ausgearbeitete Theorie will ich nun meinen Leserinnen zum besten geben. Sie besteht aus folgenden Überlegungen und Anweisungen. Was das Wie betrifft, so steht mehreres zur Verfügung. Zunächst und absolut: keine Ohrfeige. Wenn der Kerl nämlich die Ohrfeige verdient, so ist er auch ein Mann, der unter Umständen zurückschlägt. Das sollte man nicht riskieren. Bitte nie vergessen, daß die meisten Männer stärker sind als die meisten Frauen, und bitte sich nie auf ihre Galanterie verlassen. Außerdem ist er vermutlich unappetitlich, wozu ihn also berühren?

Die Antwort auf das Wo lautet: unbedingt dort, wo Zeugen vorhanden sind. Erstens zum Schutz – siehe oben – und zweitens, weil die aggressive Geste ihren Zweck und Sinn durch den sozialen Kontext gewinnt. Sie sagt: Ich bin über das normale Maß beleidigt worden und möchte das mit einem kämpferischen Einsatz klarstellen, nicht nur zahm zu Protokoll geben.

Also welche Mittel? Am besten scheint mir das, welches ich damals wählte: Flüssigkeit ins Gesicht. Wein oder Bier ist gut, es kann aber auch Kaffee oder Tee sein. Wasser nur, wenn nichts anderes zur Hand ist, denn Wasser ist, wie der Dichter sagt, »heilig-nüchtern«, zu unscheinbar und unschuldig. Man – Verzeihung, frau – vollbringt die Tat aus gegebener Entfernung, und der Ge- oder Betroffene denkt zunächst gar nicht daran, sich zu wehren, sondern hebt nur ganz automatisch die Hand vors Gesicht gegen weitere Angriffe und um sich abzutrocknen. Inzwischen trittst du einen Schritt zurück unter die Menschen und bist geborgen. Du hast's ihm und ihnen gezeigt und einen Auslauf für deine Wut gefunden.

Bleiben die wichtigsten Fragen, die nach dem Wann und dem Warum. Dazu ist strikt festzuhalten: nur einmal im Leben. Die gute Fee des Westens (nämlich die der westlichen Zivilisation) erlaubt dir, dich einmal als Erwachsene in aller Öffentlichkeit auszutoben und dann nie wieder. Sonst kommst du tatsächlich in den Ruf, ein Flintenweib zu sein, dem man nicht einmal mit einem Glas in der Hand trauen darf, und niemand nimmt dich mehr ernst. Gewalt, auch symbolische Gewalt, ist keine angemessene Reaktion auf den Alltagsärger, den jede hat. Wenn du diese Feengunst auf einen geringfügigen Anlaß verschwendest, beraubst du dich der Genugtuung zu beweisen, daß auch Frauen, wenngleich in geringerem Maße als Männer, den Impuls in sich tragen, physisch gegen Schimpf und Schande auszurasten.

Und was war bei mir der besondere Anlaß? Ich hatte guten Grund, diese Frage meist unbeantwortet zu lassen, denn die Antwort ist weder witzig noch einfach. Ein paarmal habe ich den Fragestellern, weil sie gescheit schienen und ich neugierig auf ihre Gedanken war, die Antwort gegeben und völlige Verwirrung und betretenes Schweigen geerntet. Ich war meinerseits erstaunt. Hatten die Kollegen gedacht, ich würde einer Trivialität halber oder auch wegen einer mittleren Beleidigung so reagieren? Wollten sie wirklich nur Witze zum Weitererzählen hören?

Ich schreibe keine Witzbücher, und nur der erwähnten Verwirrung halber lohnt es sich, diese Szene aufzufächern. Mir war zu Ohren gekommen – von wem, weiß ich nicht mehr –, daß mein Kollege S., ein amerikanischer Jude, ein fauler, aber gescheiter Kafka-Forscher, dazu ein Gewohnheitslügner und Aufschneider, mit dem ich gut auszukommen meinte, behauptet habe, antisemitische Bemerkungen aus meinem Mund gehört zu haben. Ich lachte und schob diese idiotische – wie mir schien – Unterstellung beiseite. Ich als Antisemitin. Sonst noch was? An dem Abend war S. bei einem kleinen Umtrunk zugegen, und ich sagte ihm, was ich gehört hatte, eigentlich in der Erwartung, daß er es abstreiten oder zumindest erklären würde. Ja, erwiderte er, das sei wahr, ich hätte ihn doch mit judenfeindlichen Ausdrücken beschimpft. Ich fing an zu zittern, eine total körperliche Reaktion, ich war einem Zorn ausgesetzt, der mich hilflos machte. Weiß der nicht, mit wem er spricht? Wo ich herkomme? Eine Wiener Jüdin, die um ein Haar als Kind in Birkenau vergast worden wäre? Natürlich weiß er es, wir sind doch befreundet, was man in Amerika befreundet nennt, sprechen uns beim Vornamen an, er saß oft in meinem Büro und hat die indiskretesten Intimitäten aus seinem Privatleben zum besten gegeben, die ich weiß Gott nicht hören wollte. Er war auch oft bei mir im Haus, ich sehe ihn noch, wie er auf dem Fußboden mit meinem Hund Bella und meinem Sohn Dan Allotria treibt, alle drei darauf aus, ihre Unschuld und ihren Spieltrieb zur Schau zu stellen, und wie ich nüchtern zu dem Schluß komme, S. sei ein Narr, aber ein herziger; einmal haben wir zusammen einen Ausflug nach New York gemacht. Was war hier los? Die Behauptung war so weit hergeholt und dann auch wieder so tief böswillig, wie – ja, wie halt nur ein gescheiter Kafka-Forscher sie aushecken konnte. Da hat er den Wein in die Schnauze bekommen, und seither serviert er deutschen Gästen sicher ein seichtes Gesöff über dieses Abenteuer, das Anlaß zum Schmunzeln gibt. Man merkt: Schon die Erinnerung daran erhöht die literarische Temperatur dieser Sätze.

Ich kann über Probleme mit meinen Kollegen auch nicht mit einem Anflug von Objektivität nachdenken. Ich merke das beim Schreiben: Wenn ich mich ärgere, ist es aus mit der Ausgewogenheit. Triviale Anlässe bauschen sich auf. Wo andere Menschen sicher nur einen Teich sehen, den man durchwaten kann, ist für mein Gehirn eine Sturmwelle da, auf der nur geübte Surfer sich aufrecht erhalten.

Wie konnte es überhaupt zu einer solchen Szene zwischen

zwei Juden kommen? In Princeton gab es drei Kollegen, mit denen ich schließlich nichts weiter zu tun haben wollte, als ich mich nach sechs Jahren an diesem Ivy League Institute (wie acht private Eliteunis an der Ostküste wegen ihrer efeuumrankten Mauern genannt werden), entschloß, nach Kalifornien zurückzukehren. Der Fall S. ist vielleicht der interessanteste. War das ein echtes Mißverständnis seinerseits, fragte ich mich, irgendein Witz, den er mir übelgenommen hatte? Unwahrscheinlich, denn niemand, der ihn kennt, wird abstreiten, daß S. Humor hat. Und wenn ich ihn tatsächlich unbewußt beleidigt hätte, warum hat er mich nicht gleich zur Rede gestellt, statt hinter meinem Rücken zu schimpfen? Ist Selbsthaß im Spiel? Bestimmt nicht bei mir. Ich hätte mir zwar ein anderes Geburtsland als Österreich gewünscht, gewiß. Aber eine andere ethnische Zugehörigkeit als die jüdische – gewiß nicht. In dieser Haut läßt es sich gut leben (wenn man nicht gerade gehäutet wird), das sieht man an den großen geistigen Leistungen der Juden auf allen Gebieten und an der Selbstverständlichkeit, mit der unsere Kinder lesen, denken und forschen lernen. Wenn die Phönizier das Alphabet erfunden haben, so haben wir es ihnen sehr schnell abgeschaut und gleich ein Heiligtum daraus gemacht, wo jeder Buchstabe seine magische Bedeutung hat. Die beste Voraussetzung für eine akademische Laufbahn.

Also eine Unsicherheit seinerseits? Wir waren die einzigen Juden im deutschen Seminar, dem German Department, vielleicht wollte er der einzige bleiben. Und doch ist die unerhörte Unverschämtheit der Bezichtigung, ich sei judenfeindlich, nur verständlich, weil ich eine Frau war, die nicht für seine sexuellen Eskapaden geeignet war. Er war schon da, als ich berufen wurde, ich war ihm aber rangmäßig überlegen. Hat er mir das übelgenommen? Ich war Ordinaria, er noch nicht. Und ich war die einzige Ordinaria dort. Princeton war bis vor kurzem ausschließlich ein Männercollege gewesen, für die älteren Herrschaften waren Studentinnen noch immer etwas Abnormales und Kolleginnen sowieso. Diese vielbewunderten amerikanischen Elitecolleges haben neben ihren Spitzenwissenschaftlern auch allerlei Perversitäten zu bieten. Vorurteile, die auch anderswo grassieren, kommen hier verschärft zur Geltung.

Doch der Grund für diese eigentümliche Beschuldigung liegt noch tiefer. Die Überlebenden der KZ, mit Ausnahme von einigen, die man zu Märtyrern gestempelt hat, sind allen frei gebliebenen Menschen ein Dorn im Auge. Gelitten zu haben ist eine Schande, außer wenn man daran und dafür gestorben ist, ähnlich wie bei Vergewaltigungen, die am einfachsten durch Hinrichtung oder Selbstmord des Opfers gesühnt werden, vormals auch im Abendland und heute noch in vielen Teilen der Welt. Bekennt man sich zu diesem Sachverhalt, kann die Abneigung überwunden werden. Sonst treibt sie ungestört giftige Blüten.

Unter Juden kann die Abneigung gegen uns Überlebende noch stärker, weil uneingestandener, sein. Meine Existenz erinnert daran, daß die anderen unbehelligt leben durften, und durch die falsche Logik des Unbewußten wird mein Dasein per se zum Vorwurf. Ambivalenz ist natürlich auch dabei. Die überwiegende Freundlichkeit, die S. an den Tag legte, war nicht, oder nicht nur, gespielt, und doch bin ich für Neurotiker, wie er einer ist, eine zwielichtige Gestalt, die irgendwoher kommt, wo man nicht hätte sein dürfen. (Was ja stimmt.) Ich habe lange gebraucht, um das zu erkennen.

Ich war von 1980 bis 1986 Professorin in Princeton und war die erste Ordinaria im German Department. Man hört öfters, Hannah Arendt sei dort Professorin gewesen, doch das ist reine Erfindung. Es gab zu ihrer Zeit keine Professorinnen in Princeton. Auch keine Studentinnen. Die ersten weiblichen Studierenden wurden im September 1969 zugelassen. Später, als ihre Zahl zugenommen hatte, standen alle Departments, und besonders die der Geisteswissenschaften, wo die Mehrzahl der Studenten Studentinnen sind, damals wie heute, unter Druck, auch Professorinnen anzustellen. So kam es, daß ich eines Morgens in meiner kalifornischen Küche aus heiterem Himmel einen Anruf vom Leiter des German Department aus Princeton bekam, ob ich mich nicht um die offene Stelle, die es dort gebe, bewerben wolle. Von der Stelle wußte ich und war neugierig gewesen, wen man berufen würde, ohne im geringsten an mich selber zu denken. Ich war ja zufrieden an der University of California, Irvine. Als Studentin hatte ich mir vorgestellt, ich würde an einem kleinen College, womöglich an der Westküste, vor allem Sprachunterricht geben und hier und da einen Kurs in Literatur. Ich war bescheiden in meinen akademischen Ansprüchen, denn es war klar, daß ich nicht dieselbe Behandlung erwarten durfte wie die männlichen Studenten oder gar die Deutschen, die schon drüben eine Ausbildung angefangen und abgeschlossen hatten. Irvine lag an der Küste, und es war kein kleines College, sondern ein Campus der University of California, und ich vertrug mich gut mit meinen Kollegen. Allerdings gab es da noch eine private Affäre, das heißt eine Affäre, die in die Brüche ging, bevor sie richtig angefangen hatte, und die zwar kein Grund war, wegzuziehen, aber doch den Abschied erleichterte. Man vergißt zu leicht, wie vielschichtig die Beweggründe für eine folgenreiche Entscheidung oft sind.

Später hat mir der Kollege, der mich damals anrief, gestanden, er habe wenige Jahre zuvor noch zu der Minderheit gehört, die gegen die Zulassung von Studentinnen stimmte. Wenn ich das gleich gewußt hätte, hätte ich mich auf die Einladung gar nicht eingelassen, aber ich war eitel und dachte, die wissen vielleicht, daß manche Lessing-Experten mich schätzen und daß meine Aufsätze über Kleist auch bei Theaterleuten auf Aufmerksamkeit stoßen. Und sicher wissen sie, daß ich die jetzige Herausgeberin des *German Quarterly* bin, der Fachzeitschrift der amerikanischen Germanistik. Das war alles Unsinn. Die Germanistik von Princeton brauchte eine Vorzeigefrau. Das war's. Niemand hatte etwas, was ich geschrieben hatte, gelesen, das dämmerte mir nach und nach. Und was das *German Quarterly* betrifft, so herrschte in Princeton der Kolonialgeist mancher amerikanischer German Departments, der sicher auch zum Niedergang unseres Fachs in den USA beigetragen hat, das heißt, fremdsprachige Forschung wird als minderwertig beiseite geschoben, oft nicht einmal in Fußnoten erwähnt, und die wissenschaftliche Ausrichtung, der Blick über den Tellerrand hinaus ging nur in Richtung Deutschland. In meinen sieben Jahren als Herausgeberin hatte ich unendlich viel Zeit und Mühe ins *Quarterly* gesteckt, war auch hier die erste Frau, der man diese Arbeit zutraute, war ganz stolz darauf und meine noch immer, daß in diesen Jahren viel Einschlägiges und Vernünftiges über deutschsprachige Literatur dort erschienen ist; aber in Princeton war man nicht einmal neugierig darauf, was ich da trieb.

Nachdem er mich so freundlich angerufen hatte, trat Kollege M. aus seinem Büro auf den Gang und sagte seufzend zum ersten besten, den er sah, einem Assistenzprofessor, der es mir Jahre später, als er selber schon arriviert war, mit Genugtuung mitteilte, er müsse halt unbedingt eine Frau anstellen. Da habe er, was bleibe ihm schon übrig, die Zähne zusammengebissen und Ruth Angress (wie ich damals noch hieß) angerufen. Wenn die alten Koryphäen so zu den ehrgeizigen jungen Männern über eine neue Kollegin sprechen, so verringern sie ganz gewaltig deren Chance, ernstgenommen zu werden. Solche Manöver waren mir nicht unbekannt.

Als ich zum Interview und um einen Probevortrag zu halten erstmals nach Princeton kam, wollte ich ganz sicher sein, daß ich eine *inter pares*, nicht nur dem Rang und Gehalt nach, sein würde und fragte direkt: »Wollt ihr mich nur, weil ihr noch keine Frau im Department habt? In Irvine schätzen sie mich nämlich auch so.« Aber nein, wo denken Sie hin, wir sind beeindruckt von Ihren Leistungen, Ihrem Ruf, etc. Ich hab's halb geglaubt, aber die acht Renommieruniversitäten im Osten der Staaten verbreiten eben auch Glanz. Wer einen Ruf an eine von ihnen erhält, und nun gar nach Princeton, das als Nummer drei der acht verkauft wird, lehnt selten ab. Harvard und Yale fungieren als Nummer eins und zwei. Die Kinder waren erwachsen, auf sie brauchte ich keine Rücksicht mehr zu nehmen, und so folgte ich diesem Ruf. Es war der größte Fehler meiner akademischen Karriere, dabei war's von außen gesehen der Höhepunkt, um den ich am heftigsten beneidet wurde. Die Bezahlung war gut, jedoch mußte ich mehr unterrichten als die Kollegen, und hinterrücks warnte man die besseren Studenten, nicht bei mir zu promovieren. Einige taten's trotzdem und haben's nicht bereut. Vorschläge von mir über die etwaige Verbesserung des Lehrprogramms wurden diskussionslos und geradezu rüde abgeblockt. Als mir die Zeichen der Mißachtung zu unverhohlen wurden, habe ich gekündigt und bin wieder einmal umgezogen. Vorher hatte ich bei jedem Umzug eine Gehaltserhöhung bekommen. Diesmal nicht, und ich habe auch keine erwartet, denn ich wollte nur weg. Von Princeton bin ich an eine in der amerikanischen Rangordnung mindere Universität zurückgegangen, und war noch dankbar dafür, wie eine Frau, die von einem enttäuschenden Liebhaber zu ihrem geduldigen Ehemann zurückflüchtet. Der Dekan in Princeton war erstaunt und versuchte mich zum Bleiben zu überreden, der Präsident schrieb mir einen Brief, wie leid es ihm tue. Den Brief habe ich sorgfältig aufbewahrt, zum Beweis, daß ich mich verabschiedete, nicht umgekehrt.

Der Mediävist in Princeton meinte ernsthaft und ganz naiv, deutsche Mediävisten seien gar keine Nazis gewesen, was natürlich ein Unsinn ist, denn die Kenntnis der Sagen rund um die Gralsritter haben keinen Forscher vor falschem Denken und verblendetem Eigennutz geschützt. Es ist ein Beispiel dafür, wie Deutsche im Rückblick die Gruppe, der sie angehören, von der Verantwortung für das Geschehene zu befreien suchen, Versuche, die, wie in diesem Fall, zu fast lächerlichen Verrenkungen führen. Als ich eine komparatistische Vorlesung über Holocaust-Literatur ankündigte, was damals noch ziemlich neu war, meldeten sich Zweifel im Department. Das abgedroschene Wort »Nestbeschmutzung« lag in der Luft, obwohl niemand es direkt verwendete. Ich war von Anfang an enttäuscht über die geringen Austauschmöglichkeiten mit Kollegen, die für die neuere Literatur zuständig waren. Der eine war Dekan geworden und kam überhaupt nicht mehr ins Department, der andere betrachtete mich als jemanden, der ihm und den anderen Herren die langweilige Arbeit abnehmen und ihn bei seiner Forschung und Lehre in Ruhe lassen sollte. Gleichzeitig war ich als Kulturdünger und aufmerksames Publikum einsetzbar, seit eh und je eine geeignete Rolle für gebildete Frauen. Einer brachte mir seine Gedichte zum Lesen und Bewundern. Eine ähnliche Rolle war mir schon an der University of Virginia zugefallen, wo ich in den siebziger Jahren tätig war, als mir ein Kollege seinen expressionistischen Roman, den er vor Jahren geschrieben hatte und nie veröffentlichen konnte, zum Lesen gab. Dieser Roman war für den sonst sehr klugen Autor erstaunlich langweilig und banal. Damals habe ich geschwiegen, und da mir Schweigen übelgenommen wurde, lobte ich die Gedichte meines jetzigen Kollegen in Princeton. Was ich selbst schrieb und worüber ich nachdachte und welche zukünftigen Arbeiten ich plante, war bedeutungslos. In Princeton nicht anders als in Charlottesville, Virginia. Die rege geistige Atmosphäre, die ich erhofft hatte, war nicht vorhanden. Ich versuchte zum Beispiel, ein Gespräch über den Kitschbegriff, der mich damals umtrieb und über den ich später auch einen Essay geschrieben habe, der häufig zitiert wird, in Gang zu bringen und stieß auf taube Ohren. Man unternahm nicht einmal den Versuch, hinzuhören.

Und wieder steigt mir das Blut in den Kopf und ich merke, wie meine Empörung über längst Vergangenes aufwacht und wie meine Fähigkeit verschwindet, zwischen wesentlichen Mißständen und lediglich ichbezogenen Beleidigungen zu unterscheiden.

Allgemein gültig ist das Vorurteil, daß Frauen ihre Intelligenz zeigen, indem sie Verständnis für männliche Ideen an den Tag legen. Fazit: Frauen sind nicht fähig, originell zu denken. Beim Humor ist es ähnlich: Frauen haben Humor, wenn sie über die Witze der Männer lachen, nicht wenn sie selbst welche erzählen. Tun sie's trotzdem, so macht's einen schlechten Eindruck und hinterläßt einen faulen Nachgeschmack. Ergo: Frauen sind humorlos.

Ich war noch in meinem ersten Princeton-Jahr, als ich dachte, ich hätte eine Einladung ans Wissenschaftskolleg in Berlin. Ich wurde aufgefordert, ein Projekt vorzuschlagen. Damals wußte ich nicht einmal, was das Wissenschaftskolleg ist, da mir Deutschland so fremd geworden war und ich mich so selten dort aufhielt. Also erkundigte ich mich bei den Kollegen. Ich erfuhr, daß es eine gute Sache sei, ich solle unbedingt positiv antworten. Ich verbrachte ein Wochenende mit der Formulierung eines Projekts, das von Lessing und Kleist als Repräsentanten von Aufklärung und Gegenaufklärung handeln sollte. Doch einer meiner Kollegen war von Anfang an mürrisch und, wie ich später begriff, verstand nicht, warum ich und nicht er die Einladung erhalten hatte. Ich hatte mir schon lange eine Gelegenheit gewünscht, längere Zeit in Deutschland zu arbeiten und zu leben, womöglich unter Menschen, mit denen man sich anregend austauschen konnte. Ich schickte meine Bewerbung ab und hörte erstmal eine ganze Weile nichts. Schließlich erhielt ich eine Absage vom Leiter des Wissenschaftskollegs, formuliert auf so herablassende Weise, als hätte ich mich aufgedrängt, statt nur auf seine Aufforderung reagiert zu haben. Es war wie eine transatlantische Ohrfeige, und ich verstand nicht, warum man mir eine solche versetzen wollte. Denn, so dachte ich, was hatte ich je von den Deutschen verlangt? Nicht einmal ihre verdammte Wiedergutmachung. Ich wurde den Eindruck nicht los, daß man auch in Princeton fand, ich hätte die Einladung nicht verdient und es sei nur gerecht, daß ich abgelehnt worden war. Jedenfalls sagten nur wenige, es tue ihnen leid. Ich hielt's für ein wegweisendes Zeichen.

Kurz vor meiner Rückkehr nach Kalifornien und als ich noch das German Department in Princeton leitete, kam eine Doktorandin zu mir und teilte mir mit, sie wolle ihr Studium nicht fortsetzen, weil sie sich keine ordentliche Dissertation zutraue. Tatsächlich zählte sie nicht zu den Besten, doch für eine Lehrstelle an einem kleineren College, wo nicht viel oder überhaupt keine wissenschaftliche Leistung erforderlich war, schien sie mir allemal geeignet. Ich fragte sie aus, denn sie schien auf merkwürdige Weise unruhig, und ich schloß aus ihrem Verhalten, daß da noch etwas anderes war. Nach und nach kam es ans Licht. Einer der Kollegen habe ihr nachgestellt, sie sozusagen rund um den Tisch gejagt und ihr Anträge gemacht. Er war ihr zuwider, das sagte sie zwar nicht gerade heraus, aber es war klar. Das habe jedoch nichts mit ihrer Entscheidung zu tun, das Germanistikstudium an den Nagel zu hängen. Ich war anderer Meinung. Die auch in Deutschland weitverbreitete Ansicht, Studentinnen seien legitime Lustobjekte für Professoren, übersieht die Konsequenzen, wie zum Beispiel in diesem Fall, wo die Folge eine Entmutigung zum Studium war. Aber, hört man, die Studentinnen, die wirklich was können, lassen sich nicht so leicht abschrecken. Die Antwort darauf ist: Und die, welche nur Durchschnitt sind? Haben die keinen Anspruch auf faire Behandlung? Ich schrieb einen geharnischten Brief ans Dekanat und zog nach Kalifornien ab. Dort hörte ich, die entmutigte Doktorandin habe sich's nochmals überlegt, habe, neu ermutigt, einen unparteiischen Doktorvater gefunden und ihre Dissertation und Prüfung erfolgreich absolviert. Sie wurde also doch fertig, danach hat sie ohne große Mühe eine Stelle gefunden, denn ein Princeton-Degree ist eine hohe Empfehlung. Ihrem Quälgeist hat der Dekan die Leviten gelesen, er hat ihm ein bißchen auf die Finger geklopft, sonst ist ihm nichts geschehen.

Ich streite mich mit einer selbstgerechten Deutschen. Sie sagt, die Amerikaner sind so puritanisch, besonders wenn es zu Liebesaffären zwischen Studentinnen und Professoren kommt. Was, wenn die Frauen diese Beziehungen selbst wollen, sich den Professoren anbieten, davon profitieren? Umso schlimmer, meine ich, nicht nur für sie, sondern auch für die anderen, wegen der ungerechten Bevorzugung, falls eine solche stattfindet. Ist ja genauso schlimm wie die Benachteiligung. Jemand zahlt drauf, wenn nicht der Betthupfer, auf den die anderen natürlich verächtlich herunterschauen, dann die anderen, die dank der privilegierten Stelle, die die eine einnimmt, zu kurz kommen. Und die männlichen Studenten werden zynisch und nehmen sich vor, es auch nicht anders zu halten, glauben dann später auch nicht, eine Frau könne es durch eigene Verdienste weit bringen. In der Literaturwissenschaft haben es die Professoren besonders leicht, weil sie ja nicht umhin können, im Detail über die großen Liebesgeschichten zu reden. Das gibt den männlichen Professoren, selbst den mickrigen, eine erotische Ausstrahlung. (Den Professorinnen weniger, dank der genetisch verankerten Geschlechterrollen.) Ich dachte, sage ich argumentativ, das hätten wir schon in den siebziger Jahren festgestellt und müßten diese Grundsätze nicht nochmals aufrollen. Eben, antwortet sie, das war damals, seit den siebziger Jahren sind wir weitergekommen. Ich denke an das Wort der 68er: Gestern standen wir am Rande des Abgrunds. Heute sind wir schon einen Schritt weiter. Meinst du auch, frage ich, die Abschaffung der Sklaverei sei eine langweilige Errungenschaft des 19. Jahrhunderts, seither sind wir weitergekommen und können sie wieder einführen?

Jahre später, nachdem ich »weiter leben« ins Englische übersetzt hatte, wurde ich nach Princeton zu einer Lesung eingeladen. Nota bene, nicht vom deutschen Seminar, sondern von den Jewish Studies. Am Vormittag schlenderte ich durch die gepflegten Straßen der Stadt, hing Erinnerungen nach und nicht nur ärgerlichen, da kam mir einer der alten Kollegen mit großem Hallo entgegen. Er komme heute abend nicht zu meiner Lesung (das wäre ja auch das erste Mal, dachte ich, ohne es auszusprechen, daß du es der Mühe wert fändest, mir zuzuhören), er habe ein Freisemester, sei zu beschäftigt und wisse sowieso, was ich zu sagen habe. Ich bemerkte trocken, das wundere mich nicht, und amüsierte mich über die Frechheit. Ich lenkte ein, und um zu etwas anderem überzugehen machte ich eine Bemerkung über den recht guten Film, der in dem Kino, an dem wir gerade standen, gezeigt wurde. Er war aber nicht so leicht vom Thema abzubringen. Er mußte auf einen Sprung in ein Geschäft, ich ging weiter, aufatmend, ihn los zu sein und meinen gemischten Gedanken und Erinnerungen nachhängen zu können, er kam aber gleich wieder hinter mir her. Warum ich denn mein Buch bei der Feminist Press veröffentlicht hätte? Die sei doch unbekannt, was für ein Fehler meinerseits, warum nicht die Princeton University Press, wo auch Reich-Ranickis »Mein Leben« erschienen sei.

Ich antwortete verblüfft und wahrheitsgemäß, das sei mir gar nicht eingefallen, auch sei mir der Sinn gar nicht nach einem Universitätsverlag gestanden, die ja nur selten die Aufmerksamkeit der allgemeinen Öffentlichkeit auf sich ziehen, während die Feminist Press, von der er noch nie gehört habe, gegründet 1970 von der radikalen Anglistin Florence Howe, der älteste und angesehenste der Frauenverlage sei, und mir ein alter Wunsch in Erfüllung gegangen sei, als sie mein Buch annahm. Er hat nicht zugehört, er hat auch in den neunziger Jahren noch nicht verstanden, daß die Frauenbewegung eine Realität ist, die man nicht wegwischen kann. Machen die überhaupt Reklame, wollte er wissen und wartete die Antwort nicht ab. In Deutschland bist du ja sehr bekannt, meinte er. Aber das verdankst du Marcel Reich-Ranicki. Ich bin die letzte, die das abstreiten würde, denn sein und Sigrid Löfflers Lob im »Literarischen Quartett« waren ein Glücksfall für dieses Buch. Ich gebe ihm also recht und denke nicht daran, ihm auf den Leim zu gehen, auf das Abwertende seiner Bemerkung zu reagieren und für den Eigenwert meines Produkts zu plädieren. In Amerika hingegen ... die Rezension in der *New York Times* war ja – ich unterbreche und ergänze – »ein Verriß«. Er, begütigend: »Verriß würde ich nicht sagen.« Ich: »Doch, ich bin Besseres gewöhnt als diese miese Besprechung. Dafür war die in der *Washington Post* geradezu überschwenglich.« Ich ertappe mich dabei, wie ich mich plötzlich verteidigen, in ein gutes Licht stellen will. Das alte Unterlegenheitsgefühl, das man mir in Princeton einimpfen wollte, kommt zum Ausbruch. »Wir haben uns ja anfänglich gut vertragen«, fährt er fort, »was ist dann schief gegangen? Ich weiß gar nicht mehr, wie das anfing.« Darauf ich, ohne mir die Antwort zu überlegen: »Ich aber weiß es ganz genau und habe nicht die Absicht, es zu vergessen.« Dabei habe ich keine Ahnung, was ich daherrede und was ich meine, aber es klingt wie eine Drohung, und das macht mir Freude. Wir trennen uns, und ich bin ihn endlich los.

Die Unannehmlichkeiten des Tages waren noch nicht ausgestanden. Nach dem Mittagessen mit ein paar jungen Leuten, deren Selbstgerechtigkeit und Eitelkeiten denen der älteren Professoren in nichts nachstanden und sogar von ihnen abgeschaut waren, bekam ich im Gästehaus der Universität, wo ich mich noch ein paar Stunden hinlegen wollte, ein heftiges Nasenbluten, das nicht aufhören wollte. Seit einer Herzoperation muß ich täglich ein Blutverdünnungsmittel nehmen, weshalb ich leicht und ausgiebig blute. So hartnäckig war es allerdings noch nie gewesen. Ich schämte mich, wegen einer scheinbar kindischen Sache um Hilfe zu bitten, aber alle Hausmittel blieben wirkungslos. Man schlug mir schließlich vor, mich in die Klinik zu bringen und den Vortrag abzusagen. Dagegen protestierte ich energisch, meinen Verpflichtungen war ich immer noch nachgekommen. Dem Publikum erklärte ich vorher, warum ich zwar stehend, doch mit zurückgelegtem Kopf lesen mußte, und vermutlich auch dank dieser heroischen Anstrengung erntete ich am Ende überwältigenden Applaus. Dann ging's allerdings doch in die Klinik, wo man mir ein komisches Gerüst in die Nase einbaute, eine Prozedur, die erst beim zweiten Mal klappte und so schmerzhaft war, daß ich beide Male aufschrie. Dafür schämt man sich selbstverständlich, wenn man erwachsen ist. Ich kam mir arg reduziert vor. Aber das Bluten hörte auf. Auf keinen Fall dürfe ich weiterreisen, schärfte man mir ein, jedenfalls nicht in den nächsten paar Tagen. Doch wohin mit mir? Im Gästehaus konnte ich nicht bleiben, und das Krankenhaus hätte mich nicht aufgenommen, dazu war die Sache nicht ernst genug. Princeton hatte wieder einmal eine unangenehme Überraschung bereit. Der geehrte Gast von gestern war zum Unrat von heute geworden. Es war ein Wochentag, die Leute hatten zu tun, mit mir hatte man nicht mehr gerechnet. Ich kotzte Blut, weil mein Magen voll davon war, und kam mir denkbar unappetitlich vor. Da tauchte eine gute Samariterin auf, meine Nachfolgerin im Seminar, Barbara Hahn, und bot mir an, mich zu beherbergen. Dafür war und bin ich ihr noch immer dankbar.

Nach einem ruhigen Wochenende zog ich weiter, gegen den Rat der Ärztin, die noch weitere Ruhetage empfahl. Doch ich meinte in den Tiefen meiner abergläubischen Seele, ich hätte Glück gehabt, von diesem Ort nochmals, mit intaktem Selbstvertrauen und nur mit einer blutigen Nase davongekommen zu sein.

Die sechs Jahre Princeton haben mich wehleidiger und ungeschützter, leider auch zynischer gemacht, als ich es vorher war. Gelegentlich springt eine Narbe auf und blutet ein wenig. Dann denke ich: Wenn du wen nicht respektierst, sei's auch nur, weil der Jemand eine Frau ist, dann solltest du sie in Ruhe lassen und ihren angeblich minderwertigen Status nicht noch für deine politischen Zwecke ausnützen, mit dem schnöden Trost, daß sie ja dabei zu Ruhm und Ehren kommt. Wenn ich's ruhig überlege, muß ich jedoch zugeben: In allen objektiven oder nur eingebildeten Gründen, alles hinzuschmeißen, wie ich's so oft getan habe, steckt immer auch noch die alte Fluchtbereitschaft, die sich in gesicherten Umständen, das heißt im Frieden, am manierlichsten als Umzugsbereitschaft manifestiert, aber auch als Bereitschaft, Begonnenes aufzugeben, Dinge, an die man sich gewöhnt hat, wegzuschenken, Menschen zu meiden, die man vorgestern noch mochte, auch Scheidungsbereitschaft.

2. EHEUNGLÜCK

Wie bin ich überhaupt zu meinem Beruf als Auslandsgermanistin gekommen? Es war zehn Jahre her, seit mir als Zwanzigjähriger die Tür des Seminars übers Junge Deutschland vor der Nase zugeschlagen wurde. In den frühen sechziger Jahren war die Fakultät in Berkeley zumindest zum Teil eine andere. Da versuchte ich mich noch einmal an der deutschen Literatur festzuklammern, faßte sie zunächst mit spitzen Fingern an, kam dann aber richtig ins Rollen, promovierte schneller als erwartet und fand auch eine Stelle. Soweit der Erfolg.

Und die Zeit dazwischen? Da waren Ehe und Kinder und der Mief der fünfziger Jahre. In Berkeley und in San Francisco war davon zwar weniger als anderswo zu spüren, dort herrschte eher die Atmosphäre der Beatniks und ihr Hohn über die Angeberei der geldgierigen Mittelklasse mit ihrer geheuchelten Sexualmoral und ihrem falschen Nachkriegsoptimismus. Die Jungen waren weit lockerer als ihre älteren Brüder und Schwestern, von den Eltern ganz zu schweigen; es war kein Zufall, daß sich in der San Francisco Bay Area, die Berkeley miteinschließt, der Schriftsteller Jack Kerouac und der Dichter Allen Ginsberg zu Hause fühlten, Marihuana wurde geraucht, und rassistische Vorurteile galten als etwas unendlich Altmodisches. Niemand in meinem Bekanntenkreis hatte Eisenhower gewählt. Doch antiweibliche

Vorurteile waren in der berühmten Beat Generation gleichermaßen gang und gäbe wie unter den Philistern.

Ich war wieder bei Kasse und guten Mutes und unternahm einen zweiten Anlauf an der University of California. Diesmal schrieb ich mich im English Department für ein Master-Diplom ein und machte einen weiten Bogen um die Germanistik. Damals lernte ich einen Doktoranden vom History Department kennen, Tom Angress, und machte den Fehler, mit ihm eine Wohnung zu mieten. Denn so liberal waren die Menschen der Bay Area im Amerika von 1952 auch wieder nicht. Tom war fast zwölf Jahre älter als ich, in Berlin geboren, und hatte als amerikanischer Soldat seinen Teil zur deutschen Niederlage beigetragen. Gewiß zählte das zu den Gründen, warum ich ihn kurze Zeit später geheiratet habe. Er hatte wie ich die große Trostlosigkeit miterlebt. Obwohl ich jünger war, gehörte ich seiner Generation an. Ich dachte, gemeinsam könnten wir das Dunkel jener Jahre überwinden. Doch es wurde eine Ehe, in der sich die Freundschaft nie einstellte, und wie kann man einem Menschen, mit dem man zusammenlebt, vertrauen, wenn man nicht befreundet ist? Waren seine Zornausbrüche Versuche, eine Kindheit zu verdrängen, eine Kindheit, in der auch er durch die Emigration und die daraus entstehende Verarmung, Isolierung und Gefährdung gelitten hatte?

Der Vermieterin sagten wir vorsichtshalber, wir seien verheiratet. In Deutschland, habe ich mir sagen lassen, hätte man die Vermieterin wegen Kuppelei verklagen können. In der Nachkriegszeit wurden viele Freiheiten zurückgenommen, die im Krieg ganz selbstverständlich gewesen waren. Das betraf nicht nur das Liebesleben, sondern auch die beruflichen Möglichkeiten der Frauen. Im Krieg hatten Amerikanerinnen die Arbeit der Männer geleistet, und ein von der Frauenbewegung wieder ausgegrabenes, berühmtes Plakat zeigt unter dem Titel »Rosie the Riveter« (Rosie beim Nieten) eine fröhliche, muskulöse Frau mit Werkzeug. Nach 1945 wurden Veteranen für alle Arbeitsplätze bevorzugt behandelt, was verständlich und vertretbar war, doch gleichzeitig wurden die Fähigkeiten der Frauen abgewertet, als ginge es nicht nur um die Belohnung für die zurückgekehrten Soldaten, sondern um die Überlegenheit der Männer in allen Arbeitsbereichen. Was blieb da noch für die Frauen übrig: Krankenschwester (nicht Frauenärztin), Kindergärtnerin (nicht Hochschullehrerin) und Tippfräulein (nicht Managerin).

Tom und ich lebten anfangs halbwegs gut miteinander, aber nicht so gut, daß es nach einer lebenslänglichen Beziehung aussah. Zu diesem Schluß war ich gekommen, als seine Familie herausbekam, daß wir in sogenannter wilder Ehe zusammen waren. Sofort herrschte große Aufregung, aber nicht etwa, weil er mich in ein schiefes Licht setzte, das war der Familie egal, sondern weil Toms eigene Karriere bei einem erzkonservativen Doktorvater auf dem Spiel stünde. Das bekam ich freilich nur indirekt zu hören, denn es waren ja nur seine Aussichten, an denen den Brüdern und der Schwägerin gelegen war. Ein Mann muß für seine Zukunft, seinen Beruf, Sorge tragen, lautete die Devise, die Berufe von Frauen sind trivial, eine berufstätige Frau ist sowieso bemitleidenswert (weil sie keinen Mann gefunden hat) oder gar lächerlich. Dabei hatte Toms Familie nichts gegen mich persönlich, ich war ihnen schon recht, und Tom sollte sowieso endlich heiraten, er war immerhin schon in seinen Dreißigern, und damals heiratete man jung. Ich fiel aus allen Wolken: ein Veteran, ein Held des Zweiten Weltkriegs und fürchtet sich vor Klatsch?

Zieh aus, wollte ich ihm sagen, aber ich hatte nicht genug Geld, um die Miete allein zu zahlen. Hätte es damals bereits die späteren Entschädigungs- oder Wiedergutmachungsgelder aus Deutschland gegeben, ich hätte sie bestimmt angenommen und für die Miete einer eigenen Wohnung verwendet. Auch um Rat konnte ich niemanden fragen, denn meiner Mutter war ich weggelaufen, und außerdem wohnte sie am anderen Ende des Erdteils in New York. Die Freundinnen vom College lebten in fernen Gegenden verstreut, und Ferngespräche wurden damals selten geführt. In meinem sehr kleinen Kreis herrschte zudem die Meinung, heiraten sei eine gute Sache. Aus einem alten Gedicht, das ich damals geschrieben und aufgehoben habe, geht hervor, daß ich eine Heidenangst vor dieser Ehe hatte, doch ich tröstete mich mit dem Gedanken, daß Scheidung immer möglich sei. Unter solchen Voraussetzungen heirateten wir. Bei unserer Hochzeit steckte mir Tom einen Ring an, den er kurz zuvor im Park gefunden hatte. Er selber trug während der ganzen Ehe keinen, was damals nicht unüblich war. Nur die Frau hatte dieses Zeichen ewiger Verbundenheit am Finger zu tragen.

Einsam ist man oft, aber seltener, wenn man einen Partner hat. Ich war in der Ehe jedoch einsamer als vorher oder nachher. Es erstaunt mich noch immer, wie wenig wir miteinander sprachen. Unser Wille zu kommunizieren reichte nicht einmal zum Streiten. Am Abend saßen wir meist im Wohnzimmer und lasen jeder in einem Buch. Mehr als ein oder zwei Sätze kamen auch über die Bücher nicht zustande. Mein Mann fand nach der Promotion (ich hatte seine Dissertation abgetippt, wie es sich für eine anständige »faculty wife« gehörte) zunächst keine Stelle, und wir jobbten beide in San Francisco in langweiligen Büros. Ich hatte inzwischen meinen Anglistik-Magister von Berkeley, mit dem ich aber wenig anfangen konnte. Es reichte zum Abtippen von Rechnungen für Brillenfassungen. Das Leben als Studentin war lustiger gewesen, und ich nahm mir vor, noch Bibliothekswissenschaft zu studieren. Dieses Studium dauerte damals ein Jahr, und Bibliothekarinnen waren gesucht. Die Chefs, die Hauptbibliothekare, waren zwar fast immer Männer, aber es waren zumeist Frauen, die unter ihnen arbeiteten. Noch bevor ich diesen Plan in die Tat umsetzen konnte, bekam Tom eine einjährige Stelle in Connecticut, wo er seinen Bachelor gemacht hatte – und ich wurde schwanger und war glücklich. Endlich war da etwas Positives, worauf und worüber wir uns freuen konnten. Wir fuhren mit dem Auto quer über Land, leisteten uns nie ein Hotel, sondern sparten und übernachteten im Zelt.

In Connecticut angekommen, befand ich mich plötzlich in einem neuen Milieu. Dort erfuhr ich zum ersten Mal, daß eine »faculty wife«, eine Professorenfrau, nur ein Anhängsel ist. Man muß schon sehr glücklich verheiratet sein, um das erträglich zu finden. Wir wohnten in einer Baracke, eines von mehreren provisorischen Gebäuden, die während des Krieges gebaut worden waren und später abgerissen werden sollten. Doch mit dem Abreißen ließ man sich Zeit; inzwischen beherbergte das College, das seinen betuchten Studenten bequemes Quartier bot, seine unterbezahlten Lehrkräfte in diesen Überbleibseln und zog ihnen dafür monatlich eine ordentliche Summe vom Gehalt ab. Ich tat mich schwer, mit dem geringen Einkommen hauszuhalten, und tippte Hausarbeiten für Studenten, um ein bißchen was dazuzuverdienen. Wenn wir Freunde zum Essen einluden, mußte ich die billigsten Lebensmittel kaufen, teils aus Notwendigkeit, teils weil mein Mann aufs Sparen versessen war. Aus seiner Soldatenzeit hatte er zwar noch etwas beiseite gelegt, aber das hütete er wie die Zwerge den Nibelungenschatz. Zum Beispiel fiel ihm in San Francisco nicht ein, daß ich während der Schwangerschaft eigentlich zum Arzt gehen müßte. Da ich nach meiner Studentenzeit nicht mehr krankenversichert war, wären die Ersparnisse dafür erforderlich gewesen. Für Tom hätte das eine Zumutung bedeutet. Und ich dachte, ich bin ja gesund, habe drei KZ überstanden, wozu brauche ich einen Frauenarzt, nur weil ich ein Kind kriege, und ansonsten geht es mir doch gut. Als ich dann im siebenten Monat in Connecticut einen Arzt aufsuchte, war er entsetzt und keineswegs beruhigt, als ich ihm sagte, ich hätte ja Vitaminpillen genommen. Vielleicht war das alles zum Besten, denn wäre ich gleich anfangs zum Arzt gegangen, so hätte man mich wohl auf meinen Herzfehler aufmerksam gemacht und zu einer Abtreibung geraten.

Auch jetzt, als ein regelmäßiges Einkommen da war, gab's noch immer ein unnötiges Theater wegen des Geldes, denn ganz so arm waren wir gar nicht. Von Luxus war keine Rede, aber fürs Notwendige hätte man schon was ausgeben können. Ich war eher erstaunt als entrüstet über den Geiz. Trotz des Elends meiner Kindheit und selbst in der schwierigen Anfangszeit in Amerika hatte Geld für mich eine geringe Rolle gespielt, es war gewissermaßen wertfrei, ohne Prestige, Geiz, *avaritia*, war mir eine fremde Untugend. Fremd war mir auch, jeden ausgegebenen Dollar zu rechtfertigen, noch dazu vor einem Menschen, der weniger gut haushalten konnte als ich. Unter den sieben Todsünden war die *acedia* die mir vertrauteste: die Trägheit des Herzens und des Geistes, einfacher formuliert – die Faulheit.

Tom konnte nicht rechnen, tat aber immer so, als könne er es. Zuerst bekam er Wutanfälle, wenn ich den Wochenbedarf an Lebensmitteln auf einmal tätigte und darüber hinaus ein Paar Schuhe kaufte. Immer sah er nur die Endsumme und nicht, daß es sich um ganz verschiedene Dinge handelte. Ich hatte nie Schwierigkeiten, mich an ein Budget zu halten, egal, wie wenig oder wieviel ich zur Verfügung hatte. Ich löste dieses für mich kindische Problem, indem ich über jeden Pfennig, den ich ausgab, Buch führte. Das nahm viel Zeit in Anspruch und belastete unser Verhältnis, denn es bedeutete ein Vertrauensdefizit, andererseits beruhigte es ihn einigermaßen. Muß ich erwähnen, daß wir nie zum Essen ausgingen, keine Ferien machten und die gesellschaftlich notwendigen Einladungen so knauserig ausfielen, daß sie mir peinlich waren? Einander mit kleinen Geschenken zu überraschen war ohnehin unvorstellbar. Früher war ich gern ins Theater gegangen, auch das war vorbei. Betroffen merkte ich, daß ich für diesen Mann keine gleichrangige Partnerin war, die ihre Gewohnheiten in der Ehe fortsetzen konnte, sondern ein Krückstock für seine Karriere. Wenn's damit haperte, schob er mir die Schuld zu und warf mir vor, ihn nicht zu unterstützen. Ich suchte mir Jobs, um etwas für mich zu haben, er aber bestand darauf, es müsse alles für den Haushalt aufgespart werden. Nicht einmal für einen gelegentlichen Friseurbesuch reichte das Geld – Tom selbst schnitt mir die Haare.

In diesen letzten Wochen der Schwangerschaft hatte ich Mühe mit dem Gleichgewicht, dauernd lief ich gegen Möbelstücke und Türen und hatte blaue Flecken. Daraus entwickelte ich die Theorie, daß der neunte Monat für Kühe und andere Vierbeiner gedacht ist, nicht für Menschen. Meine veränderte Figur ging Tom auf die Nerven, er rügte mich, wenn ich mit gespreizten Beinen dasaß, wie es den Schwangeren am bequemsten ist. Je näher die Geburt unseres ersten Kindes rückte, desto größer wurde die Distanz zwischen uns. Wahrscheinlich fürchtete sich Tom vor der Verantwortung der Vaterschaft, was ja nicht ungewöhnlich ist. Ich war mir selber in den letzten Wochen fremd geworden, und mein Mann betrachtete mich mit Staunen und, wie ich meinte, mit Widerwillen. Hätten wir darüber gesprochen, wären wir einander vielleicht näher gekommen. Damals bestand die Umstandsmode durchwegs aus einem riesigen Loch im Rock und darüber einer weiten Bluse oder einem Oberhemd. Es war, als sollten die Schwangeren so häßlich, sogar so abnormal wie möglich aussehen, und als sollte die Schwangerschaft so freudlos wie möglich verlaufen. Bei den Untersuchungen waren die Ärzte und ihre Krankenschwestern unfreundlich und barsch. Man betrat ihr Wartezimmer und fühlte sich sofort auf eine niedrigere Stufe der Evolution versetzt.

Als ich kurz vor der Geburt auf dem Weg zum Arzt war, lehnte ich mich gegen die halboffene Autotür (Gurte kamen erst viel später) und purzelte hinaus. Der Wagen bewegte sich bereits, wenn auch sehr langsam. Tom schimpfte gerade über irgendetwas, und das hatte mich nervös gemacht und meine Unachtsamkeit verursacht. Der Unfall war nicht weiter schlimm, aber immerhin war ich aus einem fahrenden Auto gefallen, ich lag am Boden und blutete an Armen und Beinen. Mein Mann steht dabei, zittert vor Frust, von Mitgefühl ist nichts zu merken; er weiß nicht, was anzufangen, und es fällt ihm zunächst nicht einmal ein, mir aufzuhelfen. Eine Frostwelle: Warum will er mich nicht anfassen?

Als ich dann zerkratzt und zerschunden beim Arzt ankam,

war das Wartezimmer voll. Langes Wartenlassen gehört mit zum Geschäft, schließlich haben die werdenden Mütter Zeit. Die Sprechstundenhilfe ignorierte die augenfällige Tatsache meines Unfalls und rief eine Patientin nach der anderen, bis mich eine der Frauen vorließ. Der Arzt versicherte mir, daß dem Kind nichts geschehen sei, in diesem Stadium auch nichts geschehen könne, was mich sehr erleichterte; weniger erleichterte mich, was er ausdrückte, aber nicht aussprach: »Du dumme kleine Gans.« Ich kam mir vor, als gehöre ich zu einer anderen Spezies als der Herr Doktor. Außerdem war (und ist) es in Amerika üblich, daß der Arzt die meisten Patienten und praktisch alle Patientinnen mit dem Vornamen anredet, selbst aber mit Doktor Soundso angesprochen werden will. Ich habe mich später gelegentlich darüber beschwert und mich dagegen verwahrt, wofür ich dann meist einen hohen Preis zahlen mußte, denn der Arzt behält bei der Behandlung die Oberhand und kann mit einem mehr oder weniger sorgfältig umgehen.

Heute ist mir klar, daß Tom eine nachvollziehbare Angst vor der neuen Lebensphase als Familienvater hatte. Er fühlte sich überfordert, hatte nur eine befristete Stelle und fragte sich wohl, worauf er sich da eingelassen hatte und wie er die Verantwortung bewältigen sollte. Die Wutanfälle, mit denen er Krisen zu bewältigen versuchte, richteten hier selbstredend nichts aus.

Die einsamsten Stunden meines Lebens erfuhr ich bei der Geburt des Kindes. Ich wachte mitten in der Nacht auf, die Fruchtblase war geplatzt, die Wehen hatten eingesetzt; ich hatte keine Ahnung, wie sich sowas abspielt, war ganze 23 Jahre alt und interessierte mich für Metrik, aber nicht für Physiologie. Alle Ärzte der Klinik waren Männer, Frauenärztinnen gab es damals in Amerika kaum. Frauen, so hieß es, hätten nicht die notwendige Kraft, um das Kind bei der Geburt aus dem Mutterleib zu ziehen. Die Ärzte behandelten ihre Patientinnen, doch sie informierten sie nicht. Ich stand auf, von einem Fremdgefühl gepackt, wie ich es noch nie gekannt hatte, und bat Tom, er möge mich in die Klinik fahren. Doch er entschied anders, sagte, ich hätte noch Zeit, ging wieder zu Bett, drehte sich um und schlief schnell ein. Da fing der Sturz in die Einsamkeit an: Meine Zähne schlugen aufeinander. Bislang hatte ich Zähneklappern für eine Metapher gehalten, nun erfuhr ich es als tatsächliches Symptom der Angst, des Außer-sich-Seins. Ich ging ins Badezimmer und fing an, die Handwäsche zu waschen, einfach um etwas zu tun. Dann wurden die Wehen stärker, noch einmal weckte ich Tom, und diesmal gelang es mir, in die Klinik gebracht zu werden. Die Klinik war nicht weit, er lieferte mich ab, ich kam in einen zellenartigen Raum und starrte in eine nackte Glühbirne, die über mir brannte. Niemand ist da, niemand spricht mit mir, alles ist wie eine verschärfte Strafe, nur wofür? Ich wollte einen Arzt sehen, sie schliefen aber noch. Ab und zu schaute eine Krankenschwester nach mir, ich fragte, bekam als Antwort aber lediglich, alles sei normal. Dann ging sie wieder. Das war 1954.

Meine Gleichgültigkeit gegenüber der Physiologie rächte sich: Ich wußte nicht, ob Wasser oder Blut aus mir herauskam, ich lag auf dem Rücken, kam mir vor wie im Gefängnis, die Glühbirne bedrohte oder verachtete mich, eine Hand zum Halten wäre tröstlich gewesen oder eine Stimme, jemand, zu dem man ein Wort sagen konnte. Während der Geburt mußte ich angebunden auf dem Rücken liegen. Nach der Geburt wurde mir das Kind sofort weggenommen, ich hatte gerade genug Zeit, um festzustellen, daß es ein süßes Baby war, dann brachten sie es mir nur zum Stillen. Das war damals so üblich, als wären die Mütter am geringsten dafür geeignet, ihre Neugeborenen zu betreuen. Mein Mann schaute kurz vorbei, er hatte es eilig, wollte die Unterrichtsstunde nicht ausfallen lassen, der Arzt kam und war überheblich, gratulierte sich zu der gelungenen Geburt, dann war ich wieder allein. Ich bat um ein Kreuzworträtsel, das wurde mir gewährt.

Ich blieb zwei Tage im Spital und sollte aus Gesundheitsgründen noch zwei weitere bleiben. Als ich sagte, ich könne mir das nicht leisten und mein Mann dies bestätigte, wurde ich sofort entlassen. Das hatte keine weiteren Folgen, da man nach heutigem Wissensstand ohnehin nicht lange liegen soll. Doch damals war die vorherrschende medizinische Meinung konservativer, und meine rapide Entlassung war eine Geld-, nicht eine Gesundheitsfrage. Mittlerweile waren wir im College krankenversichert, doch ganz ungenügend, da vorhandene Krankheiten, zu denen die Schwangerschaft zählte, ausgenommen waren. Ich stand im Mantel auf dem Gang und wartete auf meinen Mann, der die Rechnung beglich. Neben mir stand eine Krankenschwester mit meinem Baby auf dem Arm, das sie aus dem Säuglingsraum geholt hatte. Ich wollte es ihr abnehmen, sie weigerte sich, es herzugeben, zuerst wollte sie die Zahlungsbestätigung sehen. Wieder ein Schock. Da stand eine fremde Frau mit meinem Kind, als hätte ich kein Anrecht darauf, so lange es unbezahlt war. Hat sie die Absicht, denke ich befremdet, ihn als winzige Geisel zu behalten? Tom kam, die Rechnung in der Hand. Das Geschäft war erledigt, mein kleiner Sohn wurde mir wie ein bezahlter Gegenstand ausgehändigt. Er war so bezaubernd, daß alles andere egal wurde. Trotzdem: Diese eisige Kälte während der Geburt, als hätte ich etwas ausgefressen statt der Menschheit ein neues Mitglied geschenkt. Kein Wunder, daß den Frauen der amerikanischen und europäischen Mittelklasse allmählich die Lust vergangen ist, Kinder in die Welt zu setzen, und sie lieber den Vorwurf einer egoistischen Selbständigkeit auf sich nehmen.

Für unverheiratete Studentinnen gab es an der Universitätsklinik in Berkeley keine Verhütungsmittel. In Connecticut, ein Staat, dessen Regierung von Katholiken dominiert war, konnte man auch als verheiratete Frau keine Verhütungsmittel kaufen. Dieses Verbot war verfassungswidrig und wurde bald aufgehoben, doch zu meiner Zeit mußte man dafür in einen anderen Staat reisen. Kondome waren natürlich zu haben, denn die sind für Männer, um sie vor Krankheiten zu schützen. Frauen aber, die sich durch Pessare oder Diaphragmen, beides umständliche, aber effektive Verhütungsmittel, die ärztlich eingesetzt und verschrieben werden mußten, vorsehen wollten, war ein selbständiges Liebes- oder auch Eheleben in Connecticut gesetzlich untersagt. Abtreibung wurde als Mord betrachtet, war aber in allen Gesellschaftsschichten weit verbreitet (jeder kannte jemanden); aber da sie nur illegal zu haben war und meist ohne zugelassenen Arzt, war sie gefährlich, schmerzhaft, teuer und traumatisch. Und das sollte noch zwanzig Jahre lang so bleiben. Offiziell war die Entrüstung über die kommunistischen Länder groß, wo die Abtreibung legal und gratis war. Da sähe man wieder, hieß es, wie menschenverachtend der Marxismus doch sei. Der Antikommunismus war ein Spieß, den man gegen die Frauen verwendete.

Ein Kind, ein eigenes Kind, zum ersten Mal zu waschen,

zu stillen, zu wickeln, ohne genau zu wissen, was man tun muß, den ganzen Tag lang zu umsorgen, ist eine zweischneidige Angelegenheit. Erstens ermüdet es: Da war das Windelwaschen, wegwerfbare Windeln gab es noch nicht, und eine eigene Waschmaschine hatte ich nicht, ich mußte die Wäsche zur Wäscherei tragen. Dann die schlaflosen Nächte und die Sorgen, die man sich ständig macht. Ich war mir plötzlich bewußt, daß ich verletzlicher geworden war: daß nur ja dem Kind nichts passiert! Wenn dem Kind was passiert, bin ich verloren! Ich dachte viel an die Frauen, deren Kinder im Holocaust umgekommen waren, und mit Grauen an die, denen man die Kinder wörtlich an der Rampe weggerissen hatte. Es gab welche, die hatten sich gewehrt, wir wissen das aus den Berichten der SS, die natürlich diesen ungleichen Kampf gewann. Ein Kind zu haben ist fraglos eine Bereicherung, aber diese Freude hat von Anfang an ihre Abgründe.

Meine Mutter war eine der Frauen, die ihre Söhne an die Nazis verloren hatten. In den fünfziger Jahren, als sie in New York lebte und wieder geheiratet hatte, versuchte sie Selbstmord zu begehen, was zu einer Einweisung in eine Irrenanstalt führte. Damals tauchte die Frage auf, ob wir sie zu uns nehmen sollten. Doch mein Mann war dafür nicht ansprechbar; er sah nur die Belastung, nicht die Verpflichtung. Als ich ihn fragte, ob er mich geheiratet hätte, wenn er damals um den Geisteszustand meiner Mutter gewußt hätte, schwieg er. Statt einer Liebeserklärung hatte ich mir eine Abfuhr eingehandelt. Von dem Moment an war ich sicher, daß unsere Ehe nicht nur nicht im Himmel geschlossen war, sondern daß sie auf Erden nicht dauern würde. Es erstaunte mich auch nicht, daß ich nach einiger Zeit nicht mehr stillen konnte. Meine Nerven machten nicht mit, zum Stillen, das heißt, um Kuh zu sein, braucht man ein gewisses inneres Gleichgewicht. Nicht daß mir viel an dieser animalisch-mütterlichen Tätigkeit gelegen war, und doch tat es mir leid.

Ich war neun Jahre lang verheiratet, und am Ende der Ehe kam es mir vor, als falle ich aus dem Gefrierfach des Küchenkühlschranks heraus, um endlich aufzutauen.

Wir waren nach Berkeley zurückgekehrt, Tom war Assistenz-Professor, also wieder ohne festen Vertrag, aber mit Aussicht auf einen solchen. Ich absolvierte innerhalb eines Jahres den Magister in Bibliothekswissenschaft und fand eine Arbeit, die schön war und an die ich mit Vergnügen zurückdenke: Ich war fahrende Bibliothekarin in einem sogenannten Bookmobile, einem Bus, der mit Büchern in der Gegend herumfährt und Kindern und Hausfrauen Lesematerial empfiehlt und aushändigt. Diese Ausbildung garantierte mir auch ein Maß an Selbständigkeit, obwohl es damals nicht möglich war, mit Tom über Scheidung zu sprechen. Er bekam einfach einen seiner Wutanfälle und wurde unansprechbar. Ich war an diese Anfälle so gewöhnt, daß ich noch Monate nach der Scheidung verschiedene Autofahrer in Erstaunen versetzte, weil ich sie bei Verkehrsstaus sofort beschwichtigte.

Tom hatte nichts dagegen, daß seine Frau das Familieneinkommen aufbesserte. Das war keineswegs selbstverständlich zu einer Zeit, in der man erwartete, daß Männer ihre Maskulinität auch dadurch bewiesen, daß sie »den Speck nach Hause bringen«. Die Rolle der Frau war, sich zu Hause zu langweilen mit kleinen Kindern als ihren einzigen Gesprächspartnern, die sie überforderten. Die beiden Zustände – Langweile bis zur Klaustrophobie einerseits und Erschöpfung, weil's zu viel auf einmal zu tun gibt – scheinen sich zu widersprechen, aber jede Hausfrau und Mutter kleiner Kinder wird attestieren, daß sie zusammenpassen wie die Teile eines Puzzles.

Ich stellte mir oft vor, wieder vertrieben oder deportiert zu werden. Nachts wachte ich angsterfüllt auf und dachte nach, wie Rettung zu bewerkstelligen wäre. Wiederholt kam ich zu dem Schluß: Die Kinder krieg ich raus, das trau ich mir zu, aber den Mann – das wird schwerer, das schaff ich nicht. Fazit: Weg von dem Mann, auf eigenen Beinen stehen, selbst verdienen, selbst wer sein, der sich behaupten kann. Es fiel mir nicht ein, daß Tom sich in einer Krise positiv bewähren könnte. Ich sah ihn nur als eventuelle Belastung. Unfair? Mag sein. Aber ich hatte eine Kindheit und Jugend hinter mir, wo die Männer hilflos gewesen waren, und ich hatte nie einen gekannt – Vater, Bruder, Freund, wen immer –, den ich als Stütze ansah.

Während meiner zweiten Schwangerschaft bemerkte der Arzt, daß ich einen Herzfehler hätte. Das war nichts Neues, aber dieser Gynäkologe schickte mich zu einem Herzspezialisten, der eine besorgte Miene aufsetzte. Ich versicherte ihm, daß ich ganz gut damit gelebt hatte, prahlte vielleicht sogar, daß ich drei Konzentrationslager mit diesem Herzen überstanden hätte, aber vor allem, daß ich eine ganz normale Entbindung hinter mir hatte und mir unbedingt ein zweites Kind wünschte, nämlich dieses, mit dem ich schwanger war. Der Kardiologe fühlte sich wohl nicht genügend ernst genommen, denn als nächstes bestellte er meinen Mann allein in seine Praxis und eröffnete ihm, daß er nach einer weiteren Untersuchung eine Abtreibung empfehlen müsse. Das war in Kalifornien möglich, wenn die Gesundheit der Mutter durch die Schwangerschaft in Frage gestellt war. Man muß sich vorstellen, wie die beiden Männer hinter geschlossener Tür über meinen Körper verhandelten, ohne mich miteinzubeziehen oder auch nur hereinzulassen. Ich stand vor der Tür, kochte vor Zorn und frage mich jetzt noch, warum ich nicht hineingestürmt bin. Es ist aber nun einmal so, daß die Herabsetzung durch andere mit der eigenen Herabsetzung Hand in Hand geht. Ich muß wohl geglaubt haben, die Kerle hätten ein Recht, über mich, wenn nicht zu verfügen, so doch zu verhandeln.

Eine der schwersten Folgen der Diskriminierung ist die Schwierigkeit, der Maske, die einem die anderen überstülpen, zu entgehen oder sie in fortgeschritteneren Fällen herunterzureißen. Wobei in dieser Situation Tom der Unschuldigere war, denn er ließ alles über sich ergehen, zuerst die Pseudowissenschaft des Arztes, dann meine Empörung. Ich war total empört, als ich die Details erfuhr, und hatte nicht einen Augenblick die Absicht, mir dieses gewiß makellose und ausgezeichnete Kind nehmen zu lassen. (Immer mit dem bekümmerten Hintergedanken: Was habe ich schon von dieser Ehe außer Kinder?) Den will ich sehen, der mir das zumutet! Es kam dann anders als befürchtet; der Arzt revidierte nach weiteren Tests sein Urteil, und ich hatte eine normale Entbindung. Die Herzbeschwerden kamen erst Jahre später. Was blieb, war das Bewußtsein, wie eine Unmündige behandelt worden zu sein, ohne Rücksicht darauf, ob ich das Kind wollte oder nicht.

Es dauerte dann noch drei Jahre lang, in denen wir uns immer fremder wurden. Wiederholt drängte ich auf Scheidung. Tom behauptete, wir könnten uns unmöglich trennen, bevor er sein Buch, sein Opus magnum, fertig habe; das würde ihn zu sehr aus der Bahn werfen. Ich könne ihm das nicht antun, dann bekam er einen Wutanfall und mußte beruhigt werden. Das war bereits gegen Ende der Ehe, er hatte offensichtlich genug von mir und den Kindern, wollte es aber nicht zugeben oder auch sich selbst eingestehen. Er drohte überdies mit Selbstmord. Liebe wird's nicht gewesen sein, denn als er ein Freisemester hatte, mietete er ein Zimmer in der Stadt, um ungestört an seinem Buch zu arbeiten, und kam nur am Wochenende nach Hause. Ich saß in der Vorstadt, wenn ich nicht mit dem Bookmobile herumfuhr, sann auf Scheidung und wartete, bis das Buch fertig war. Das Buch wurde fertig, und die Yale University Press, ein sehr angesehener Universitätsverlag, brachte es unter dem Titel »Stillborn Revolution. Die Kampfzeit der KPD 1921–1923« heraus. Tom verlor trotzdem seine Stelle, bekam aber ohne große Mühe eine andere im Staat New York. Wie alle guten Amerikaner hatte er eine Pistole im Schrank, und da er so häufig mit Selbstmord gedroht hatte, nahm ich die Munition und brachte sie einer Freundin zum Aufheben. Dann war ich so weit. Ich alarmierte Freunde, die uns nahe standen, sich um Tom zu kümmern, denn diese Trennung sei endgültig. Mit dem vierjährigen Dan fuhr ich nach Oregon, wo ich eine Woche blieb, bis Tom ausgezogen war. Percy, der schon zur Schule ging, ließ ich bei anderen Freunden in Berkeley.

Ohne deren Hilfsbereitschaft wäre mir die Scheidung nicht gelungen, jedenfalls nicht zu diesem Zeitpunkt, und später hätte es mit dem neuen Anfang nicht geklappt. Denn trotz der Leichtfertigkeit, mit der ich geheiratet hatte, fiel mir die Trennung schwer. Wieder davonlaufen, wie einige Jahre zuvor von der Mutter? Bestand mein Leben aus nichts anderem? Und wie würde es mit den Kindern werden? Ich hatte wiederholt die Vorstellung, daß ich mit ihnen würde ausziehen müssen und es mir nicht gelingen würde, das Bett des jüngeren Buben zusammenzuschrauben. Und wo würde er dann schlafen? Es war halb Tag-, halb Nachttraum. In einem bedrohlicheren Alptraum saß ich im Auto, das Lenkrad löste sich, und ich hielt es wie ein Spielzeug in Händen, während der Wagen den Hügel hinuntersauste. Obwohl ich in Amerika fast immer und von Anfang an genug verdient hatte, um für meinen Unterhalt aufzukommen, abgesehen vom jeweils ersten Jahr nach den Geburten, hatte ich unterschwellig dieses Gefühl, es alleine nicht zu schaffen.

Ich wurde nicht nur von Selbstzweifeln heimgesucht, ich fiel auch aus meinem gesellschaftlichen Milieu, das aus einem Kreis von Fakultätsfamilien bestand, als hätte ich nie dazugehört. Obwohl Kalifornien dank Hollywood den Ruf einer ungezügelten Scheidungsfreudigkeit genoß, war in bürgerlichen, also in Universitätskreisen eine Scheidung keineswegs etwas Alltägliches. Im History Department, dem Seminar meines Mannes, gab es 1962 überhaupt keinen Präzedenzfall. Das bedeutete, daß die Ehefrau so sehr Anhängsel oder Zugabe ihres Mannes war, daß sie genausogut eine Hausangestellte des Professors hätte sein können. Ich hatte viel Mühe und Energie in dieses soziale Umfeld investiert, und das ging mit einem Schlag verloren, denn es hatte nie mir gehört.

In Europa war es wohl nicht viel anders. In dieser Zeit hatte eine Pariser Bank einer Freundin verweigert, ohne die Unterschrift ihres Mannes ein Konto zu eröffnen, während er natürlich die Einwilligung seiner Frau nicht benötigte. All die Jahre hatte ich nur wenig Kontakt mit Menschen außerhalb der Universität, aber doch mit den Müttern von Kindern, die im gleichen Alter wie die meinen waren und die ich in der Vorschule kennengelernt hatte. Diese Freundschaften blieben mir bis ins Alter, manche bis zum Tod.

Nach der Scheidung fing ich wieder an, Gedichte auf deutsch zu schreiben, vor allem, um das Gleichgewicht wiederherzustellen, das mir, so schien es, abhanden gekommen war. Ich schrieb zum Beispiel:

Tödlicher nun im entfremdeten Raume
kommt am Abend die Finsternis.
Geht wie ein unregelmäßiger Riß
durch das Wohnzimmer-Teppichmuster der Jahre,
die zählbar sind. Doch das Unzählbare
steht in der Küche in Essigflaschen,
macht sich im Staub in den Ecken zu schaffen,
steckt als Gräte im Hals und klebrig am Gaumen.

Wie zieht man das Fazit einer solchen Ehe? Der Mann hat's nicht bös gemeint, aber gut gemeint hat er's auch nicht. Er war, wie andere Männer seiner und aller vorigen Generationen, davon überzeugt, daß die Frauen für die Männer existieren, auch wenn sie nicht wörtlich glaubten, daß Gott Eva geschaffen habe, damit sich Adam nicht langweile. Einmal ließ Tom sich sogar hinreißen, mir zu sagen, ich hätte kein Recht, glücklich zu sein. Vielleicht meinte er, niemand habe ein Recht auf Glück. Die Bibelgeschichte vom Paradies hat ja etwas Geniales, weil sie ausdrückt, daß die Frau nicht notwendig für das Bestehen der Menschheit ist, denn sie wird nach dem ersten Wochenende geschaffen, nachdem Gott sich ausgeruht hat und »der Mensch« und alles andere schon vorhanden ist. Die Frage der Fortpflanzung bleibt ausgespart, auch das entspricht dem männlichen Wunschtraum, ohne die Mütter auszukommen, dieser Wunschtraum, der den meisten Abenteuerbüchern für Jungen unterliegt.

Tom hat schnell wieder geheiratet, eine Frau, die noch jünger war als ich. Auch sie hat sich nach zwei Kindern von ihm getrennt. Dann kam noch eine dritte, noch einmal jünger, und auch das hat nicht gehalten. Ich glaube, es war nicht nur die Attraktivität der Jugend, die ihn zu diesen Frauen einer anderen Generation hinzog. Eher war es die Tatsache, daß sie unreif und unkritisch waren, wie ich am Anfang. Früher oder später werden aus den Mädchen Erwachsene, und dann kommen die Schwierigkeiten. Ich frage mich allerdings, warum die Frauen immer meinen, sie könnten es besser als ihre Vorgängerinnen, anstatt sich vor geschiedenen Männern zu hüten. Tom war ein Mensch, der sich am wohlsten fühlte, wenn er allein war. Dafür habe ich viel Verständnis. Die Gesellschaft mit ihren engen Vorstellungen vom richtigen Leben zwängte ihm ihre familiären Muster auf, unter denen er vielleicht ebenso litt wie die dazugehörige jeweilige Ehepartnerin. Und doch stillen solche ausgeglichenen Überlegungen nicht mein lebenslanges Ressentiment gegen den Vater meiner Kinder.

Mit der Ehe verhält es sich wie mit der Demokratie, die ja keine ideale Regierungsform ist. Wie viele Ungerechtigkeiten sind von Ländern ausgegangen, die demokratisch regiert wurden und werden, Ungerechtigkeiten, die in diesen Ländern nicht zugegeben und auch in den Geschichtsbüchern nur ungenügend thematisiert wurden und nie der Demokratie selbst zur Last gelegt werden. Das ist nicht einmal falsch, denn wir haben nun einmal nichts Besseres als die Demokratie, auch wenn's uns oft vorkommt, die meisten Wähler seien bescheuert und voreingenommen und daher nicht befugt, mitzureden. Trotzdem muß die Demokratie bestehen, denn die Autokratien sind ärger. Was die Ehe betrifft, so ist ihre Unzulänglichkeit sattsam bekannt, und Scheidungen sind nicht der einzige Beweis dafür, wie wenig Spielraum sie den Partnern gibt, zufrieden zu leben und sich zu entwickeln. Dafür ist das Alleinsein oft besser. Aber für Kinder? Sind da nicht nach wie vor zwei Erwachsene in einem Haus besser als einer oder eine? Mir hat mein Vater ein Leben lang gefehlt. Meine Ehe war nicht zu halten, hätte nie geschlossen werden sollen (aber darüber können sich die Kinder nicht beklagen, denn es gäbe sie nicht ohne diese spezifische Konstellation), und ich habe nie bereut, Schluß gemacht zu haben. Aber anders ist's besser. Ich sehe an den Enkeln, wie unbeschwert sie aufwachsen, denn meine Söhne vertragen sich mit ihren Frauen und kümmern sich um ihre Kinder, wie es früheren Vätergenerationen fast verboten war, weil's als unmännlich galt. Was für mich eine Notwendigkeit war, war jedoch kein Triumph, ich komme mir eher wie ein nasser Hund vor, der ein warmes Feuer sucht, um sich zu trocknen. Feuer und trockenes Fell fand ich – ausgerechnet! – in der Literaturwissenschaft.

3. SPÄTES STUDIUM

Nach der Scheidung war ich immer noch die »bookmobile lady«, jetzt aber ganztägig. Mein kleiner Sohn Danny war stolz auf mich, wenn der Bus bei seiner Schule hielt, weil seine Freunde mich um Rat fragten, welches Abenteuerbuch sie ausleihen sollten.

In den Vororten empfahl ich den Hausfrauen Romane unterschiedlicher Qualität, doch meist waren es Beziehungsgeschichten; die Männer bevorzugten historische Bücher, populäre Berichte vom amerikanischen Bürgerkrieg oder vom Zweiten Weltkrieg, die Buben lasen Bücher über Hunde, die Mädel über Pferde – man konnte gar nicht genug davon mitbringen. Allen gab ich Ratschläge, und so war es mir völlig selbstverständlich, daß es verschiedene Lesergruppen mit unterschiedlichen Lesebedürfnissen gibt, die mit den äußeren Lebensumständen der Leser mehr zu tun haben als mit der Qualität der Bücher. Ich stellte nur seufzend fest, daß die Hundebücher besser waren als die über Pferde und fragte mich vergeblich, was die präpubertäre weibliche Libido an diesen Tieren so fasziniert. Am literarischen Gehalt läßt sich die Anziehungskraft dieser Geschichten für die Leserinnen nicht festmachen. Ein paar Jahre später läßt die Pferdemanie merkbar nach. Hier ist ein weiterer Beweis dafür, daß wir Lebenszeit für Lesezeit aus anderen als ästhetischen Gründen eintauschen. Jahrzehnte später wunderte ich mich, als einer meiner Aufsätze mit dem Titel »Frauen lesen anders« viel Aufmerksamkeit hervorrief, als wäre ich auf etwas Funkelnagelneues gestoßen.

Ich brachte also haufenweise Bücher nach Hause und las sie so oberflächlich, wie's ging, um möglichst viel über so viele wie möglich zu wissen. Bei Kindern aus armen Familien übersah ich's, wenn sie Bücher beschädigt zurückbrachten. Hätten sie das Strafgeld zahlen müssen, erklärte ich meiner Vorgesetzten, dann würden wir weder die Bücher noch die jungen Leser wiedersehen. Und sie sollen doch lesen. Der Job war anstrengend und schwer mit der Versorgung von zwei Kindern zu vereinen, er kostete viel Energie und konfrontierte mich zunehmend mit der Frage, ob ich diesen Beruf wirklich den Rest meines Lebens ausüben wollte. Auch war ich auf der Suche nach einem Mittel gegen die lauernde Einsamkeit und Depression.

Da kam mir ein Professor, der Wiener Kafka-Forscher und Lyriker – das letztere war ihm wichtiger – Heinz Politzer, zu Hilfe. Ich kannte ihn flüchtig, aber ich interessierte ihn, vielleicht, weil es ihn amüsierte, daß ich so viele Gedichte auswendig wußte. (»Die kann alles zitieren«, pflegte er zu sagen, und dann, nach einer Pause, »aber alles falsch«, wenn ich zwei Wörter verwechselt hatte.) »Sie würden eine gute Dissertation schreiben«, sagte er, und plötzlich sah ich die Möglichkeit, meinen akademischen Ehrgeiz doch noch zu stillen. Ich wollte dort fortsetzen, wo ich aufgehört hatte, als ich Hals über Kopf einen Mann geheiratet hatte, den ich kaum kannte; ich wollte lernen, was ich noch nicht wußte, und etwas werden, was ich noch nicht war. Politzer empfahl mich dem German Department, das sowieso Lehrkräfte brauchte, und ich hatte ja einen Magister in Anglistik vorzuweisen, sodaß ich gleich eine Stelle als Sprachlehrerin, mit dem Titel »teaching assistant« bekam. Zehn Stunden in der Woche Unterricht und unendlich viele Hausaufgaben zum Korrigieren ergaben ein geringes, aber ausreichendes Einkommen, um es drauf ankommen zu lassen. Also gut, ein Jahr lang, dachte ich, wenn's nicht geht, kann ich immer noch in die Bibliothek zurück.

Berkeley in den frühen sechziger Jahren: John F. Kennedy war Präsident, und die muffigen fünfziger Jahre lagen hinter uns. Jahrzehntelang hätte ich die Frage nach meiner Lieblingsstraße auf der Welt so beantwortet: Telegraph Avenue in Berkeley, wie sie damals war. Sehr viel Sonne und sehr viel Jugend, Kaffeehäuser und Buchhandlungen, Aufruhr und Durchbruch zu einem freieren Umgang mit Sprache und Sexualität, viel Zukunft in der Luft. Die Studentenrevolte begann in Amerika Jahre vor 1968, sie war ein Kind der Bürgerrechtsbewegung, die schon in den fünfziger Jahren viele, auch weiße, Studenten in die Südstaaten gebracht hatte, vereinigt in dem Song und Slogan »We shall overcome«, um am Kampf der Schwarzen für Gleichberechtigung teilzunehmen. Deutsche Literatur spielte eine Rolle wie seither nicht wieder, vor allem dank Hermann Hesse, dessen Romane wie ein Tsunami die amerikanische Leserschaft überschwemmten. Neben der Politik hatte eine neue Spiritualität Wurzeln geschlagen. Hesse verkörperte eine verwässerte deutsche Romantik, die den Amerikanern unbekannt, aber leicht zu begreifen war. Aber auch Kafka und Brecht waren in Mode. Als Germanistin konnte man den Studenten etwas bieten.

Es war Zeit für einen neuen Anfang, auch in meinem Leben. Ich war in den nächsten zwei Jahren abwechselnd müde und sehr aufgekratzt. Hätte ich nicht so viel Energie besessen, der Lehrauftrag allein wäre eine volle Aufgabe gewesen. Aber den Lehrauftrag hatte ich ja nur, um das Studium zu finanzieren; ich hatte Seminararbeiten zu schreiben, Referate vorzubereiten und viel zu lesen und die Kinder. Sie waren Belastung und Anker zugleich. Ohne sie hätte ich wahrscheinlich meinen alten Zionismus abgestaubt und wäre nach Israel ausgewandert. Dann wäre Amerika ein Umweg und eine Sackgasse in meinem Leben gewesen. In die USA war ich als Sechzehnjährige ungern gekommen, und nur, weil meine Mutter darauf bestand.

Percy und Dan hatte ich mit der Scheidung genug aufgebürdet, eine Ausreise in ein Land, dessen Sprache wir nicht sprachen und ohne Berufsaussichten für mich kam nicht in Frage. Kinder sind das stärkste Mittel gegen anarchische Impulse. Dank meiner Kinder, die kein Deutsch können, bin ich Germanistin geworden. Während des Studiums hatte ich ewig ein schlechtes Gewissen, eilte nach Hause und ging mit ihnen kegeln, wir spielten Monopoly und Schach, ich versuchte ihnen etwas über jüdische Traditionen beizubringen, was besser funktioniert hätte, wenn ich selbst gläubig gewesen wäre. Daher gab ich's bald auf.

Ich fand's aufregend, Seminararbeiten über Lessing, Hölderlin und Hofmannsthal zu schreiben, auch wenn meine Dissertationspläne in eine andere Richtung gehen sollten. Auf jeden Fall wollte ich diesen Beruf ausüben, und wenn's nur in einem zweit- oder drittrangigen College sein würde. Denn daß ich an den besten Instituten keine Chance hätte, wurde mir ziemlich unverblümt beigebracht. Rundheraus sagte mir das die einzige Germanistikprofessorin, die es damals in Berkeley gab, mit ihrer Nüchternheit tat sie mir einen Gefallen. Aber irgendeine Stelle würde ich schon bekommen, meinte sie, solange meine Ansprüche nicht zu hoch wären. Ich sei mit meinen einunddreißig Jahren auch ein bißchen zu alt, um wirklich konkurrenzfähig zu sein. Die wenigen Frauen, die an den renommierten Universitäten lehrten, hatten ihre Stellen meist durch Beziehungen ergattert und wurden dementsprechend herablassend behandelt, egal, wieviel sie zu bieten hatten.

Das eigene Leben umkrempeln, neue Wege finden, schlechte Gewohnheiten aufgeben, alles auf einmal und womöglich in kürzester Zeit. Ein Beispiel war das Rauchen – eine Sucht, die sich durch meine Studienjahre zog und dann aufhört. Ich hatte als Siebzehnjährige damit begonnen und es nach vier Anläufen in Berkeley wieder aufgegeben. Man wußte damals schon, daß es gefährlich sei, aber nicht, in welchem Ausmaß. Meine Kinder wurden davor gewarnt, und mit der typischen Unduldsamkeit ihres Alters machten sie mir unablässig Vorwürfe, wenn sie mich mit Zigarette sahen. Da gab's keinen Widerspruch, sie hatten recht, und ich versteckte mich mit meinen qualmenden Sargnägeln im Badezimmer. Nichtraucher rechneten mir die Summen vor, die ich sparen und nach etwa einem Jahr für etwas Schönes ausgeben könnte. Für Argumente dieser Art sind Nikotinsüchtige jedoch nicht zugänglich, denn gerade eine Jahresration von Zigaretten scheint ihnen die beste Anlage für diese Summe. Während meiner Schwangerschaften hatte mich übrigens niemand, auch kein Arzt, vor dem Rauchen gewarnt, da wurde mir eingetrichtert, viel Milch zu trinken, was mir zuwider war. Auch ärztliche Ratschläge sind der Mode unterworfen. Bei der Geburt waren sowohl Percy als auch Danny etwas kleiner als normal, was womöglich aufs Rauchen zurückzuführen war. Meine Ration lag bei zwanzig bis vierzig

Zigaretten am Tag, und als ich mich entschloß, es aufzugeben, war's eine Qual. Damals wurde das noch als rein psychologisches Symptom betrachtet, man hatte also nicht einmal die Genugtuung, sich gegen eine Krankheit zu wehren, sondern nur einer Einbildung nachzugeben. Merkwürdigerweise waren die Entzugserscheinungen teils identisch mit den Rauchersymptomen, zum Beispiel Atemnot und Husten, alles Symptome, mit denen sich die Sucht gewissermaßen rächte. Nach dem dritten Rückfall war ich sicher, daß es mir nie gelingen würde; ich brauchte die Kinder nicht mehr für die Vorwürfe, denn ich machte mir selber schlimmere, war voller Verachtung für die eigene Willensschwäche und gönnte mir noch einen Versuch, der, so versicherte ich meinem gespaltenen Ich, mißlingen würde. Doch siehe, da gelang's. Auf dem Weg zu meiner ersten richtigen Stelle, in Cleveland, Ohio, hörte ich endgültig zu rauchen auf. Nach zwei, drei Jahren, in denen ich den Geruch von Tabak gern einatmete, war's ganz vorbei. Letztlich konnte ich ein verrauchtes Zimmer nicht mehr ausstehen. Die Herzbeschwerden nahmen zu, und ich bin mir sicher, als Raucherin hätte ich nicht bis heute überlebt. Heutzutage gehöre ich zu jenen Unduldsamen, die in der ganzen Welt gefürchtet sind, weil sie sofort aufschreien, wenn in ihrer Nähe eine Zigarette angezündet wird.

Als Vierzigjährige habe ich eine Weile Marihuana geraucht. Auf einer Party in Berkeley machten sich ein paar junge Leute einen Spaß, die gesetzte Professorin dazu zu verleiten. Warum auch nicht? Ich war auf Anhieb high, alles freute sich, am meisten ich selbst, denn die Welt um mich herum war plötzlich schöner denn je. Als Studentin und junge Mutter wär's mir nicht eingefallen, da hatte ich weder die Zeit dazu noch Lust darauf. »Pot«, »Mary Jane« oder wie immer man's nennt, ist in mancher Hinsicht eine zivilisiertere Angelegenheit als Zigaretten, alles sieht wie frischgewaschen aus, wenn man eine kleine Dosis von diesem Gift im Blut hat, und alles, was man ißt, schmeckt, wie's als Kind geschmeckt hat. Ein paar Malagatrauben waren für mich ein Proustsches Erlebnis: Wien im Sommer, Früchte aus Italien. Dazu kam die Einsicht, wieviel mit den Jahren verlorengeht, wenn die Eindrücke schal werden. Nach ein paar Monaten hab ich damit wieder aufgehört, erstens weil's Zeit kostet, man kann ja nicht arbeiten, nicht einmal ein Kreuzworträtsel lösen, wenn der Verstand den fünf Sinnen derart das Feld räumt; und zweitens weil's peinlich sein kann. Percy, damals siebzehn, ertappte mich einmal und war irritiert, sogar schockiert. Kinder sind unduldsam.

1963 war ich zum ersten Mal seit der Emigration wieder in Europa. Sechzehn Jahre waren seither vergangen. Im Sommer flog ich nach England, wohin mich eine ehemalige Collegefreundin eingeladen hatte, und von dort für zwei Wochen nach Deutschland und Österreich, den Ländern, wo man mit einem langen Löffel beim Teufel gegessen hatte, und der hatte nichts dagegen gehabt. Außer Martin Walser, dem ich als Fünfzehnjährige vor der Ausreise in Regensburg begegnet war und mit dem ich noch immer korrespondierte, kannte ich niemanden. Er war mein Bindeglied zur deutschsprachigen Welt, ich traf ihn in Zürich und am Bodensee, ein freundlicher Mensch und ein erfolgreicher Autor, voller Ideen und Ein- und Ansichten, manche davon verstiegen, aber allesamt in einem makellosen und mit überraschenden Wendungen durchsetzten Deutsch vorgetragen. Dieses Land der Ruinen, die Grabstätte meiner Verwandten, entpuppte sich als

Lebensraum, der sich wie jeder andere Lebensraum weiter-
entwickelt hatte, während ich weg gewesen war und es als
versteinerten Ort in der Erinnerung hatte. Die Menschen
strahlten Tüchtigkeit wie einen Glanz aus, die Straßen waren
sauber, der Teufel hatte sich nicht lumpen lassen, den Pakt
eingehalten und für Zerstörung und Seelenverlust letztlich
mit barer Münze gezahlt: Das heißt, die Deutschen waren
wohlhabend geworden, mehr als die siegreichen Engländer,
die noch darbten. Und doch war London hell und gesprächs-
lustig und voller Freunde und Freude, während ich in Wien
über meine Eindrücke an eine düstere Stadt stolperte, die
mich zuerst eingeengt und dann ausgestoßen hatte, und war
unfähig, die Stadt durch diesen Schleier, wie sie jetzt war,
wahrzunehmen. Ich blieb eine Fremde, kannte niemanden
und war froh, wieder nach England zu fahren, das mir durch
seine Literatur, das große Erlebnis meiner ersten amerikanischen Jahre, und nicht durch eigene Erfahrungen vertraut
schien. Für mich war England ein neutrales Land und stand
damit in entschiedenem Kontrast zu Wien.

Menschen, die mich kannten oder zu kennen glaubten,
dachten, ich würde wieder heiraten; was braucht eine Frau
sonst zu ihrem Glück? Doch ich hatte keine Lust, mich noch
einmal anzupassen. Geschiedene Frauen mit kleinen Kindern im Schlepptau müssen sich sowieso anstrengen, wenn
sie einen zweiten Ehepartner auftreiben wollen. Aber das war
gar nicht mein Ehrgeiz: Lieber wollte ich promovieren, und
die Kinder konnte ich auch allein erziehen. Das wird sich
schon alles machen lassen. Ob es sich wirklich hat machen
lassen, dazu müßte man Percy und Dan fragen – heute zwei
Männer von mehr als fünfzig Jahren –, und das traue ich
mich nicht. Eigentlich mochte ich den Sprachunterricht, ich

entdeckte meine Muttersprache neu, indem ich ihren Wurzeln nachging und dabei draufkam, wie schön sie war und ist. Damals war das Deutschstudium in Amerika wesentlich beliebter als jetzt, heute ist es fast am Aussterben. Doch damals galt es noch als die Sprache der Wissenschaft, die es so lange gewesen ist, was sich in kürzester Zeit zugunsten des Englischen änderte. Man sagte, daß die Studentinnen Französisch als Fremdsprache wählen, weil's elegant ist, und die Studenten das Deutsche, weil's ernsthaft und wissenschaftlich ist. Spanisch war natürlich die zweite Sprache in den USA, aber das war eher als Geschäftssprache nützlich und hatte nicht die Ausstrahlung der beiden anderen. Wir Germanisten und deutsche Sprachlehrer rangierten also an dritter Stelle, aber das machte nichts, solange es noch eine dritte Stelle gab und solange die Gymnasien und Mittelschulen noch Deutschunterricht anboten, wenn auch nur als Wahlfach, was die meisten heutzutage nicht mehr tun.

Lange dachte ich, mein Lehrer, Heinz Politzer, traue mir eine ordentliche akademische Karriere zu, aber es war nicht ganz so. Auch mit noch so guten Referaten blieb man als Frau Dilettantin. In einem vertraulichen Empfehlungsschreiben, das mir später in die Hände fiel, als ich schon eine Stelle und daher Zugang zu den Dossiers hatte, las ich, ich sei für eine Universitätskarriere weniger geeignet, eher für eine in einem »undergraduate college«, in dem nur der Bachelor, nicht das Doktorat verliehen wird. Späteren Äußerungen entnahm ich zu meinem Erstaunen, daß auch Politzer mein Studium für einen Zeitvertreib hielt, auf den die nächste Ehe folgen würde. Gleichzeitig lobte er meine Seminararbeiten überschwenglich. Und ich, eifrig und naiv, hatte nichts anderes im Kopf als meine Kinder und die Literaturwissenschaft, während mir der solide Ehestand wie eine Sklaverei schien, an die ich mit der Genugtuung zurückdachte, sie überwunden zu haben.

Dennoch war ich nicht stolz auf den angestrebten Beruf. Eine meiner liebsten Freundinnen ließ sich eines Abends zu der Bemerkung hinreißen: Wie kannst du nur dieses Fach studieren? Sie meinte, wie kann eine Jüdin sich mit deutscher Kultur abgeben? In dem Moment kam mir die Schönheit der Eichendorffschen Verse wie ein Leckerbissen aus einer Blechdose vor, die lange offen im Eisschrank gestanden hat, und die Logik der Schillerschen Ästhetik wie eine Reihe schaler Witze, die man sich besser nicht anhört. Sie war meine Freundin, keine Fremde, meinte es also vermutlich gut mit mir, und doch hatte sie diese Vorbehalte. Auch meine alte Mutter hielt nicht viel von diesem Studium, obwohl sie einsah, daß es irgendwie zu mir paßte. Ein Medizinstudium hätte ihr weitaus mehr Respekt eingeflößt.

Die »teaching assistants« hatten je einen halben Schreibtisch – das heißt, zwei von uns teilten sich einen – in einem großen Raum, in dem wir auch unsere Sprechstunden abhielten. Die Frauen hatten die Aufgabe, den Kaffee für alle zuzubereiten, und noch heute wundere ich mich, warum wir ohne Widerspruch die riesigen Kaffeekocher geschleppt haben, obwohl das Wasser von der Toilette geholt werden mußte und die Frauentoilette viel weiter entfernt war als die Herrentoilette.

Ein Sprachwissenschaftler namens P., bei dem man einen Kurs über die Geschichte der deutschen Sprache belegen mußte, erklärte uns, Jiddisch sei die Muttersprache von Millionen Ostjuden (ich habe vergessen, wie vielen Millionen Juden er sie vergönnte). Daß diese Juden tot, ermordet waren, schien ihm entfallen zu sein. Mir war's nicht entfallen, aber ich habe den Mund gehalten, was mir auch aus heutiger Sicht richtig erscheint, denn jemand, der den großen Judenmord vergessen hat, ist womöglich den lebenden Juden auch nicht gewogen, ich aber brauchte das Zeugnis, und »Geschichte der deutschen Sprache« war Pflichtfach. Professor Schneider gab es zwar nicht mehr, aber hier schien sich eine Verlängerung anzubahnen. Er machte mir das Studium schwer, nie wußte ich, was er an meinen Arbeiten auszusetzen hatte, nur daß es etwas war. Das ging so weit, daß ein Kommilitone mir riet, an eine andere Universität zu wechseln. Ich blieb natürlich, die Sprachwissenschaft interessierte mich sowieso nicht, und in der Literaturwissenschaft ließ man mich gelten. An diesen Verdrängungskünstler mußte ich denken, als ich las, wie nach dem Krieg ein Vollziehungsbeamter der Städtischen Steuerkassa Düsseldorf einen Pfändungsbefehl »über 3348,44 Reichsmark rückständige Grundbesitzabgaben für das Synagogengelände von 1938 bis 1945« geltend machen wollte (nachzulesen in den *Dachauer Heften* Nr. 6, S. 33). Die Synagoge war von den Nazis längst niedergebrannt worden. War's in beiden Fällen Vergeßlichkeit oder böser Wille? Waren Juden auch jetzt noch unerwünscht?

Am 22. November 1963 erklärte ich den Studenten die kniffligen Regeln der deutschen Adjektivendungen, die ihnen wie heimtückische Winkelzüge vorkamen. Noch vor Beginn der Stunde hatte uns die Nachricht erreicht, Präsident John F. Kennedy sei angeschossen worden. Nach etwa zehn Minuten unkonzentrierten Unterrichts schickte ich einen der Studenten hinaus, um die neuesten Nachrichten zu erfragen. Er kam zurück, schüttelte den gesenkten Kopf und sagte mit leiser Stimme: »Der Präsident ist tot.« Einen Augenblick dachte ich noch blödsinnig, der Unterricht muß fortgesetzt werden, und versuchte mich auf die deutsche Grammatik zu konzentrieren. Gleichzeitig stieg mir die Wut zu Kopf, ich hörte mein Blut pochen und dachte: Da kommt einer daher und sagt der ganzen Nation: Ihr dürft den Präsidenten, den ihr gewählt habt, nicht behalten, denn mir gefällt er nicht, und ich erschieße ihn jetzt. Klingt kindlich einfach und gelingt. Das ist einer der Gründe, warum sich Verschwörungstheorien so leicht halten: Man kann, man will nicht glauben, daß es so einfach war, daß einer oder auch nur zwei relativ einflußlose Männer es fertigbringen, den Willen eines großen Volks außer Kraft zu setzen. In der Klasse herrschte absolute Stille, und ich entließ die Studenten.

Als ich das Uni-Gebäude verließ, bot sich ein ungewöhnliches Bild: Es war ruhig, aber überall standen kleine Gruppen beisammen, als müßten sich die Menschen aneinanderklammern; viele hatten Transistorradios bei sich, und gelegentlich hörte man den Aufschrei einer weiblichen Stimme – eine Studentin, die gerade die Nachricht gehört hatte. Die Szenerie hatte eine einmalige Schauerlichkeit, auch für jemanden wie mich, die nicht zu den Verehrerinnen Kennedys zählte.

Es sollte nicht das letzte Mal sein, daß ich den Unterricht wegen eines politischen Vorfalls unterbrach. Ein Jahr später habe ich meine Studenten aufs neue entlassen. Diesmal aus Protest: Die Studentenbewegung machte sich bemerkbar, die Universitäten waren in Aufruhr, eine nach der anderen, zuerst die University of California, Berkeley, abgekürzt »Cal« genannt. Mit dem »free speech movement« begann das, was man in Europa mit 1968 verbindet, bei uns im Herbst 1964. Es war das erste Mal, daß die Polizei auf einem amerikanischen

Campus auftauchte und Studenten in Gewahrsam nahm. Besonders die jungen Frauen waren darüber erstaunt, denn für viele von ihnen war ein Polizist der nette Beschützer, der den Fußgängern den Weg zeigte. Diese Polizisten hingegen gingen brutal vor. Viele der »teaching assistants« brachen ihre Stunden ab, um gegen diese Invasion zu protestieren. Im Spanischen Department wurden sie dafür bestraft, im Deutschen nicht, weil unser Leiter, der Barockforscher Blake Spahr, der auch mein Doktorvater wurde, es uns überließ, wie wir auf die neue Situation reagierten. Spahr wurde später zur Zielscheibe eines Angriffs von Reinhard Lettau, eines selbstsicheren deutschen Schriftstellers, der in San Diego lehrte und Spahr Verachtung für seine Studenten vorwarf. Das war ungerecht. Spahr war zwar ziemlich unberechenbar, aber während der Studentenbewegung hat er sich tadellos verhalten. Lettau wurde bei einer Demonstration von der Polizei festgenommen und verbrachte ein oder zwei Nächte im Gefängnis, was ihm Stoff für zahllose Prahlereien lieferte. Im Tumult der nächsten Tage prägte der Student Jack Weinberg den berühmten Satz, der bald darauf zum geflügelten Wort wurde. »Don't trust anyone over thirty.« (Trau keinem über dreißig.) Ich war grade darüber, dreiunddreißig um genau zu sein, und war leicht beleidigt, denn ich fand, mir könne man schon vertrauen.

Widerstand gegen den Krieg in Vietnam und sexuelle Befreiung verschränkten und vermischten sich. Günter Grass kam nach Berkeley und belehrte die Studenten, daß diese Themen nicht zueinander paßten und daher »nicht sein kann, was nicht sein darf«. Das Publikum hörte respektvoll zu und betrachtete die Darbietung des autoritären Deutschen als Zeitverschwendung. Man protestierte gegen alles, wogegen es Grund zum Protestieren gab. Hinzu kam noch die Bürgerrechtsbewegung, die zwar schon in den fünfziger Jahren einige große Erfolge zu verzeichnen hatte, jetzt aber in vollem Schwung war. In Restaurants und auf öffentlichen Plätzen war die Ausgrenzung von Schwarzen nicht mehr aufrecht zu erhalten, und die Weißen merkten nach und nach, daß die Gleichheit auch ihr Leben erleichterte. Diskriminierung ist eine komplizierte, anstrengende Angelegenheit. Sie muß gelernt sein und bringt dem Diskriminierenden wenig Profit. Dagegen ist Demokratie benutzerfreundlich.

Ich ging mit den Kindern auf einige Demonstrationen, Percy war begeistert, Dan, noch zu jung dafür, sah's eher als eine Zumutung. Das Gefühl, in einer Zeitenwende zu leben, lag in der Luft, und mein eigenes Leben schien auch an einem Wendepunkt angelangt. Ein Rilke-Vers spukte mir im Kopf: »Wolle die Wandlung« – ein merkwürdiger Imperativ für »Habe den Willen«. Würde ich keinem Studenten durchgehen lassen ohne eine kaustische Bemerkung über Strickwolle. Lehrerhaft, gewiß! Die Dichter stricken anders.

Im Rückblick scheint's mir, daß ich nicht besonders beliebt war bei den meisten Kommilitonen und den Professoren. Ich machte kein Hehl daraus, daß ich meine Zukunft in der Literaturwissenschaft sah und nicht im Sprachunterricht. Die Reaktion darauf war, man möge den Männern nicht die von der Natur für sie vorgesehene Arbeit wegnehmen. Ich war froh, als ich die Stelle als »teaching assistant« aufgeben konnte, weil ich in einem benachbarten kleinen College eine Stelle fand, wo ich zwar vorerst nur Sprachunterricht geben durfte, aber darin als »instructor« unabhängig, das heißt ohne Aufsicht, war. Es war ein Schritt nach vorne. Ich verdiente auch etwas mehr als in Berkeley. Die Dissertation war noch nicht fertig und lag wie ein riesiges Hindernis im Weg. Der Professor, bei dem ich gern über Lessing geschrieben hätte, war nach Kanada gezogen, Heinz Politzer war launisch und war mir böse, und so landete ich bei dem erwähnten Blake Spahr und der Idee, über das barocke Epigramm zu schreiben. Ich wollte mich in der älteren Vergangenheit verstecken, um der jüngeren und der jüngsten auszuweichen. Das 17. Jahrhundert war beruhigend weit weg. Ein ganzes Buch übers barocke Epigramm? Ich kann zwar besser und langatmiger über Lyrik reden als die meisten Kollegen, dachte ich, aber eine Dissertation über diese kurzen Gedichte ist doch etwas viel verlangt? Kann ja ein kurzes Buch werden, tröstete ich mich.

Die Modern Language Association (MLA) ist ein Riesenverein, ihre Mitglieder sind Hochschullehrerinnen und -lehrer, die entweder englische Literatur oder moderne Fremdsprachen und Literatur unterrichten. Einmal im Jahr findet ein gigantisches Meeting statt, bei dem mehr als 700 Vorträge gehalten werden. Damals war die Zahl der Vorträge noch bedeutend geringer, man saß zu Füßen der alten Herren und hatte selbst kaum Gelegenheit, zu Wort zu kommen. Das sollte sich in den späten sechziger und siebziger Jahren ändern. Seither ist die jährliche MLA ein »Smorgasboard« mit Seminaren, Workshops, Arbeitsgruppen, wo jeder, der an einem ausgefallenen Thema oder an den Werken eines vergessenen Autors arbeitet, ein paar andere Seelen findet, die sich in den USA und Kanada für dasselbe interessieren. Demokratisch ist sie geworden, die MLA.

Gleichzeitig ist die Tagung ein Umschlagplatz für fortgeschrittene Studenten, die eine Stelle suchen, sie wird auch als

»Sklavenmarkt« unseres Fachs bezeichnet. 1964 fand die Zusammenkunft in New York statt. Als ich vom Flugzeug aus dem Fenster schaute und Schnee sah, hatte ich Tränen in den Augen, denn es waren mehr als zehn Jahre, seit ich zuletzt von der Westküste verreist war. Die Welt schien sich wieder zu öffnen. Wenn jetzt nur die Tür nicht wieder ins Schloß fällt, wenn sich jetzt etwas Ordentliches ergibt! Damals konnte man noch direkt am »Sklavenmarkt« eine Stelle ergattern, später wurde fast überall ein komplizierteres Verfahren eingeführt, mit Einladung an die jeweilige Universität, Probevortrag und mehreren Interviews. 1964 war ein gutes Jahr, es gab Anfängerstellen, Assistenzprofessuren, man bekam Interviews, auch als Frau, aber – und das war der Haken – weniger, und die an weniger wünschenswerten Instituten und für weniger Geld. Die männlichen Kandidaten waren zufrieden damit, daß die Kommilitoninnen ihnen keine echte Konkurrenz boten. Das hatte ich während des Studiums in Berkeley deutlich zu hören bekommen. Die ehemaligen Hitlerjungen aus Deutschland waren begehrter als eine wie ich, auch wenn sie mit dem Studium und den wissenschaftlichen Publikationen nicht weiter waren. Darüber bestand Einigkeit zwischen den von Juden und den von früheren Nazi-Sympathisanten geleiteten deutschen Seminaren. Ted, zum Beispiel, der ebenfalls in Berkeley promovierte, ein guter Freund, guter Germanist und ehemaliger Hitlerjunge, wurde an der University of California Los Angeles angestellt, wo ich nicht einmal zu einem Interview zugelassen wurde. Es war eine gute Wahl für die UCLA, ich wäre keine bessere gewesen: Der springende Punkt war, daß ich nicht einmal als Vergleich herangezogen wurde, obwohl er mit seiner Dissertation auch nicht weiter war als ich. An der damals noch ganz neuen University of California Irvine wurde ich zwar als Kandidatin zugelassen, aber der Herr, der das Gespräch führte, sagte mir unverblümt: »Wenn wir einen Mann finden, nehmen wir natürlich ihn.« Ich war ganz niedergeschlagen und dachte, warum kann er das nicht für sich behalten, warum muß er mir meine biologische Minderwertigkeit hinreiben? Ich wäre gerne in Südkalifornien geblieben, weil meine Mutter da wohnte, und mit den Kindern wäre das eine Hilfe gewesen, aber es sollte nicht sein, jedenfalls noch nicht. Viele Jahre später – es lohnt sich, lange zu leben – bat mich derselbe Herr, ihn für eine Stelle an der Universität von Virginia zu empfehlen. Er lehrte in Las Vegas, einer Stadt, die für anderes als humanistische Bildung berühmt ist. Er hat mich nicht erkannt, und ich verbarg meine Genugtuung, sah allerdings keinen Grund, ihn für irgend etwas zu empfehlen.

Doch 1964 wurden mir sogar mehrere Stellen angeboten, ich hätte nach Hawaii oder an die Universität von Maryland gehen können, aber ich entschied mich für Cleveland, Ohio, das mein Freund Ted abgelehnt hatte. Ihm hätte man dort etwa acht Prozent mehr gezahlt als mir, wofür es keinen Grund gab, außer daß man bei Frauen sparen konnte. Männer, sagte man, haben Familien, die sie ernähren müssen. Ted hatte keine – im Gegensatz zu mir.

Das Deutsche Seminar in Cleveland wurde nach ein paar Jahren mit anderen Fremdsprachen verschmolzen; zu meiner Zeit ging's dort lebhaft zu und es war ein guter Einstieg ins Universitätsleben. Auch damals hätte ich das »Wiedergutmachungsgeld« aus Deutschland gut brauchen können; wenn ich ohnehin mit der deutschen Kultur und Literatur mein Geld verdiente, hätte ich die Annahme deutschen Geldes, das mir zustand, nicht zurückzuweisen brauchen. Ende der sechziger Jahre waren aber die Fristen für eine Anspruchserklärung schon abgelaufen. Und meine inneren Hemmungen bestanden in gewisser Weise nach wie vor.

Selig kam ich aus New York zurück, ich hatte einen Job und würde im Sommer umziehen. Meine Begeisterung übertrug sich auf die Kinder. Ich zeigte ihnen Bilder von Cleveland, und der kleine Danny sagte nach einigem Grübeln: »Wir müssen unbedingt in einem Haus, nicht in einer Wohnung leben, sonst kommen andere Kinder und stehlen unseren Schnee.« Bei den ersten Schneeflocken in Cleveland sind sie beide jubelnd und mit nackten Oberkörpern ins Freie gestürmt und mußten erst lernen, wie man sich bei solchem Wetter richtig anzieht.

Wenn ich die Stimmung dieser paar Jahre, die zu den einschneidendsten meines Lebens gehören, aufrufe, kommt es mir vor, als sei ich die meiste Zeit euphorisch gewesen, und gewissermaßen stimmt das auch. Doch die heitere Erinnerung trügt; lustig kommt's mir vor allem deshalb vor, weil es gut ausgegangen ist. Beim Wiederlesen der Verse, die ich damals geschrieben habe, finde ich nichts Heiteres, nur eine ganze Reihe von dunklen Gedichten. Die Kindheit im KZ meldete sich wieder, doch verschleiert, nicht direkt. Zum Beispiel:

Frühlingsnacht

One need not be a Chamber – to be Haunted –
One need not be a House –

Emily Dickinson

Wind zieht an den Nähten,
nichts schläft verschlossen.
Türen und Beete
stehn offen.

Der Traum steigt aus dem Bette,
ein hinterlistiges Kind,
schreitet er nach der Mitte,
wo das Feuer brennt.

Grünsurrend unter der Stiege,
will das Wort wecken;
als eine müde Fliege
kriecht's in die Ecke.

Des Schilfs stumpfe Messer
verwildern die Saat.
Das Spiegelbild im Wasser
ertränkt die Stadt.

Es züngelt im lauen Wetter,
die Scholle bricht auf.
Die Haut durchbricht der Eiter,
der Schrei den Schlaf.

In kalten Kisten liegt es
und drängt hinaus.
Nicht nur im Zimmer spukt es,
nicht nur im Haus.

Erstaunlich, wie viele solche Alptraumgedichte ich schrieb,
denn an die Träume selber erinnere ich mich nicht und hatte
sie wohl auch gar nicht. Trotzdem entspricht das Schreiben
offensichtlich einem Bedürfnis.

Es ist möglich, daß ich das Ganze nur deshalb so schnell
erledigt habe und die Sache mit so viel Eifer anging, weil mir
die Germanistik kein nüchternes Studium war, sondern eine
Droge, die die katastrophale Vergangenheit beschwor und die
Möglichkeit in Aussicht stellte, mit den Lagern und dem un-
verständlichen Haß, den sie verkörperten, ins reine zu kommen. Warum machte ich dann einen Bogen um die neueste
Literatur und überlegte, ob ich nicht in der Mediävistik promovieren sollte? Gerade darum. Ich beschäftigte mich einge-
hender als nötig mit der Literatur, die außerhalb der eigenen
Reichweite lag, und blieb schließlich im Barock hängen, weil
alles andere, alles Spätere zu direkt gewesen wäre.

Das Fazit ist eine Rechnung, in der die Wissenschaft nur
eine von vielen Werten ist, die anderen Posten haben mit Er-
kenntnissen zu tun, die die Tiefenpsychologie und die Zeit-
geschichte berühren. Als wäre ich aus einem Dornröschenschlaf erwacht.

4. AUSLANDSGERMANISTIN

Ich war überglücklich, nach dem Wagnis des späten Studiums eine ordentliche Stelle an der Fakultät zu haben. Aus meinem Job an einer öffentlichen Bibliothek war ich ja ausgebrochen, trotz oder wegen meiner Familie. Wäre ich gescheitert, so hätte es mich hart getroffen. Diese Stelle in Cleveland, Ohio war eine Bestätigung für die letzten Jahre, aber auch eine innerliche Wohltat und fast ein Triumph. Ich freute mich auf den Umzug, denn umziehen war mir immer gleichbedeutend mit einer neuen Lebensphase und ein Beweis dafür, daß ich nicht gefangen war.

Doch es gibt auch eine Kehrseite. Ein Haus kann Sicherheit gewähren oder umgekehrt Klaustrophobie bewirken. Als Kind in Wien habe ich in drei, vier Wohnungen gelebt, eine bedrückender als die andere, als die Nazis verzweifelnde Menschen in enge und engere Wände zusammenpferchten. Damals war der Umzug jedes Mal eine Fahrt nach unten, in eine noch nicht ganz erkennbare Unterwelt.

Das Haus meiner letzten fünf Ehejahre war mir zu offen und ungeschützt, psychologisch belastet und unheimlich und aus praktischer Sicht zu groß und zu teuer, und es lag in einem Vorort weit außerhalb von Berkeley, wo ich nun studierte. Für Percy und Danny war es ohne den Vater halbleer geworden. Ich begriff das und habe sogar ein paar deutsche Gedichte darüber geschrieben, nur für mich, da die Kinder sie nicht verstehen konnten. Darin setzte ich mich damit auseinander, daß ich ihnen einiges zumutete und daß es ihnen nicht leichtfiel, in dem halbverwaisten Haus zu leben. Hier ist eines davon, das das Gleichgewicht zwischen dem, was verlorenging, und dem, was man behalten hat, wiederherstellen möchte. Es heißt »Schlaflied für Percy« oder »Schlaflied für einen, der schlechte Träume hat«. Percy war vorwurfsvoll mit einer Unkrautstaude in die Küche gekommen und wollte wissen, warum niemand im Garten für Ordnung sorgte. Weiß Gott, ich hatte Besseres zu tun, als mich um das Gras zu kümmern, aber nichts Besseres, als folgende Verse zu schreiben:

Unkraut wuchert steiler als Riesen,
niemand hat heute das Gras gemäht.
Regen verwüstet deine Burg auf der Wiese –
du aber denk, was der Regenwurm gräbt.

Spielzeug im Garten verrostet in Lachen,
Schwarzvögel haben dir die Beeren verzehrt.
Jetzt krächzen Gespenster wie Krähen nach Rache.
Erinner dich gut an den Himmel überm Dache,
denn dort steht Orion mit Gürtel und Schwert.

Fremder als fern und auf eigenen Wegen
wirfst du dein Traumnetz, und was es dir einbringt,
hat Kummer im ziehenden Boot deiner Schläfen.
Vergiß nicht das Festland voll Kälber und Käfer,
verschließ nicht im Schlaf deine Ohren dem Segen,
der in dein Zimmer von draußen eindringt.

Ja, ich dachte oder bemühte mich zu glauben, die Ordnung werde sich in den Köpfen der Kinder von selber wiederherstellen und einrenken, daß eine größere Regelmäßigkeit in der Natur, eine Heilkraft in der Umwelt, die Kinder einschließen müßte und würde. Eigentlich eine romantische Vorstellung, und mein Gedicht ist den Kindergedichten der Romantiker verpflichtet. Der kleine Dan zeichnete mit Buntstiften ein Haus, das wegfliegt; daneben stand ein sehr kleiner Vater und eine größere Mutter. Dan wollte sein Haus behalten, doch ich tröstete mich mit der Überlegung, daß meine Größe auf seinem Bild Vertrauen in meine Fähigkeiten ausdrückte.

Aus dem Haus mit dem verwilderten Garten zogen wir noch zu meiner Studienzeit aus, in eine Wohnung, von der ich zu Fuß zur Universität gehen konnte. Tom hatte unsere Ersparnisse genommen, und ich hatte das Haus behalten, das allerdings hoch belastet war und mehr der Bank als mir gehörte. Ich versuchte es nun zu verkaufen, was erst nach Monaten gelang, in denen ich noch die fällige Hypothek zu zahlen hatte, sodaß am Ende nicht viel Bares dabei heraussprang. Ich war froh, wieder im lebendigen, sogar aufregenden Berkeley zu leben, obwohl die Behausung nicht besonders wohnlich war. Mir war das egal, aber der arme Danny hatte seine Probleme und bereitete anderen Probleme. Einmal steckte er im von allen Hausbewohnern benutzten Wäscheraum eine Ladung Wäsche in Brand. Selbstredend bezahlte ich den Schaden, entschuldigte mich bei den Betroffenen und redete mir ein, es sei ein Unfall gewesen. Es war jedoch absichtlicher Unfug, wie mir der erwachsene Dan vor ein paar Jahren gestand.

Bestand mein Unbewußtes auf eine Ähnlichkeit mit dem

Umzug meiner Familie im Nazi-Wien? Als wir aus unserer Wohnung im siebten Bezirk hinausgeschmissen wurden und danach zusammen mit Verwandten leben mußten, bis auch diese Bleibe weg war und wir mit Fremden zusammenzogen? Auch damals war der Vater weg, zuerst im Gefängnis und danach auf der Flucht. Hätte mir jemand diesen Vergleich vorgelegt, so hätte ich ihn energisch zurückgewiesen, denn die Unterschiede lagen auf der Hand. Der Vater meiner Kinder war ja da, holte sie sich am Wochenende; man konnte sich über ihn ärgern, weil er mir jedes Mal genau vorrechnete, was er für sie ausgegeben hatte, und die Summe vom Kindergeld abzog. Die Kinder sind in Sicherheit, sie gehen in die Schule, sie haben Freunde, was wollen sie mehr? Es hätte keinen Sinn gehabt, sich in Selbstvorwürfen zu ergehen, und mir war meistens auch gar nicht danach zumute, denn ich bereute meine Entscheidungen nicht. Und gäbe es nicht die damals entstandenen Gedichte als Beweis, so würde ich heute denken, daß ich mir immer vormachte, ich sei eine vorbildliche Mutter gewesen. Das tat ich jedoch nicht immer, wie folgendes Gedicht aus dem Jahre 1963 beweist:

Kinder, denen der Vater entgleitet,
wohnen in stürzenden Häusern.
Ist unterm Fuß auch ein Teppich gebreitet,
der Boden schwankt.

Auf dem Tischtuch trocknet geronnene Milch,
vom Dach bröckelt's aufs Brot.
Motten ermatten elektrisches Licht.
Eine Fremdsprache knirscht.

Heftig wie haltlose Tiere
sitzen sie unter sinkenden Balken;
lassen lärmend die Mahlzeit erkalten.
Keine Teller sind so schadhaft wie ihre.

Das war die eine, die seltenere Seite. Sonst versuchte ich's mit dem Tonfall von Beruhigung und Begütigung. Im Grunde hoffte ich, Publizierbares herzustellen und dadurch vielleicht in Wien jemanden auf mich aufmerksam zu machen. Heinz Politzer ermutigte mich, aber es kam nichts dabei heraus, lediglich daß ich jetzt, mehr als vierzig Jahre später, diese gespeicherten, gemischten Erinnerungen in kompakter Form herauskramen kann. Als ich meine Dissertation zu schreiben begann, habe ich mit dem Dichten aufgehört und fast nur noch über die Lyrik anderer geschrieben, das heißt, ich habe die neue Karriere ernstgenommen. Hier ist noch eines, das schon auf dem Weg in die Literaturwissenschaft ist, obwohl das Ferkel und die Spinne darin dem beliebten amerikanischen Kinderbuch »Charlotte's Web« von E. B. White entstammen, ein Klassiker, sogar für Leser, die in der Kinderliteratur nicht beschlagen sind.

Kinderlied

Himmel ist grün, und ein Wetterhahn blaut,
der sich im Morgenwind wiegt.
Auf der Milchstraße lauft eine Kräuterfrau –
alles was Flügel hat, fliegt.

Erde und Monde sind allesamt Kreisel,
nicht nur die Sonne ist rund.

Dreht sich das Kircherl, so tanzen die Häusel –
alles was fliegt, ist bunt.

Purpurne Pilze platzen im Stall,
wo das Ferkel der Spinne beichtet.
Quer durch die Felder rollt Reifen und Ball –
alles was bunt ist, leuchtet.

Alles was leuchtet, hat Sinn
(in den Fernen):
Kassiopeia, die Königin,
ist nur ein Dreieck aus Sternen.

Heute frage ich mich, ob ich in diesen Gedichten meine eigene Kindheit, die ich nie richtig gehabt hatte, ausgraben wollte.

Meinen Umzug nach Cleveland wollte ich kühn damit beginnen, daß ich allein mit meinem kleinen Auto das Land durchquerte. Die Kinder waren in New York beim Vater, mein wertvollster Besitz waren die getippten Entwürfe und unfertigen Kapitel der Dissertation. Das Problem war, daß ich mir in meiner gemäßigten Germanophobie nicht den besten Wagen, den es zu einem günstigen Preis gab, nämlich einen VW-Käfer, sondern eine schlechte britische Karre, einen roten Morris Minor, gekauft hatte, die in Kansas, genau in der Mitte des Landes, zusammenbrach und nicht mehr repariert werden konnte. Ich hatte eine Niete gekauft, und das nicht zum letzten Mal. Wenn's ums Autokaufen geht, laß ich meinen Feminismus zu Hause. Das muß frau mit einem Mann machen, die Autoverkäufer hauen einen sonst mit Gewißheit übers Ohr, und das noch dazu guten Gewissens, denn was will eine Frau schon mit einem eigenen Auto anfangen? Dabei ist die Frage in Amerika eher, was will sie ohne Auto anfangen, vor allem wenn sie Kinder hat? Die öffentlichen Verkehrsmittel funktionieren nur in dichtbesiedelten Gebieten und auch da nicht überall, denkt man etwa an Los Angeles. Mit dem Bus erreichte ich Cleveland und mußte mir dort ein neues Auto anschaffen. Diesmal kaufte ich einen Gebrauchtwagen, der sich ebenfalls als Katastrophe entpuppte. Erst als ich einen in Sachen Auto völlig unbedarften männlichen Kollegen mitschleppte, bekam ich endlich einen Wagen, mit dem ich zufrieden war.

Trotzdem war die Fahrt nach Osten schön und aufregend gewesen. Am großen Salt Lake in Utah standen überall Schilder, die einen warnten, man möge ja wach bleiben, weil die Eintönigkeit zum Schlafen einlädt. Das kann umschlagen, man ist plötzlich von einer Einsamkeit umgeben, die eine Art Einheit mit dem All vortäuscht. Ich war nie im Leben so hellwach wie in dieser völligen Einöde: Es war wie eine Fahrt ins Nichts, aber eben nicht ins Nichts, sondern durch das Nichts; man käme am anderen Ende heil heraus, wenn man nur wach bliebe.

Ich kam heil in Cleveland an. Eine kalte Stadt im Winter, der Wind wirft einen um, wenn er ungebremst von den Gebirgen über den Lake Erie daherkommt. Dazu gab es Schnee, viel Schnee. Wir mieteten ein Haus, das die Besitzer innerhalb von wenigen Monaten zurückhaben wollten, weil sie sich's anders überlegt hatten. Ich bestand auf meinen Mietvertrag, wollte aber Streit vermeiden. Deshalb zogen wir bald aus, und ich kaufte mit geringer Anzahlung ein anderes Haus. Um mein Einkommen nach solchen Rückschlägen aufzubessern, gab ich an mehreren Abenden in der Woche deutsche Sprachkurse für Erwachsene an einem benachbarten College. Ich erinnere mich gut, wie ich frierend auf die Straße stolperte, nach einem langen Tag an der Uni, hoffend, daß die Buben während meiner Abwesenheit nichts anstellen würden, und gleichzeitig stolz, daß ich in der Lage war, uns gut über die Runden zu bringen.

Vier Jahre blieb ich in Cleveland, von 1966 bis 1970, bewegte Jahre in der Geschichte des Landes. Ich hatte viel zu tun, unterrichtete alles, von Mittelhochdeutsch bis zu Hermann Hesse, der von Amerika nach Deutschland zurückschwappte. Dazwischen lehrte ich Barock und Romantik; ich dachte, ich könne alles, ich liebte diese Literatur, ich mußte den Studenten nur zeigen, wie schön sie war. Obendrein hatte ich meine Dissertation fertigzuschreiben. Kapitel um Kapitel schickte ich nach Berkeley, und Blake Spahr antwortete schnell und ermutigend, wofür ich ihm dankbar war.

Der Druck, die Arbeit abzuschließen, war groß, mein Vorsitzender ließ nicht locker, zeigte sich enttäuscht, daß ich noch nicht weiter war, und auch dafür bin ich in der Rückschau dankbar; denn so gelang es, im ersten Jahr, wenn auch mit etlichem Ach und Krach. Dies bestand darin, daß ich erpreßbar war. Die Kinder stürmten ins Zimmer und verlangten Abendessen. Ich hatte nicht einmal daran gedacht, grübelte dauernd über meinen barocken Epigrammen. Die Kinder drohten, die auf dem Boden verstreuten Entwürfe ins Klo zu schmeißen. Endlich gab ich nach, und wir gingen sofort zu Inman's. Inman war ein bescheidenes Restaurant in der Nähe – wie bescheiden, konnten die Kinder ja nicht wissen –, und dort durften sie alles bestellen, was auf der Speisekarte stand, weil kein Gericht mehr als einen Dollar fünfzig

kostete. Das war zwar auch Luxus im Vergleich zum Selber-
kochen, aber doch nur ein kleiner, den ich mir als Subvention
zur Dissertation leisten konnte.

Mein fertiges Opus schickte ich nach Berkeley, wo es ap-
probiert, ja sogar gelobt wurde. Das Colloquium wurde mir
erlassen, weil ich so weit weg wohnte und der Flug teuer
gewesen wäre. 1971 druckte es der Verlag der University of
Kentucky, sogar ohne Kostenzuschuß, den ich nicht hätte
aufbringen können, und nach einigen weiteren Jahren, nachdem ganze 350 Exemplare verkauft worden waren, wurde es
eingestampft. Zur Erinnerung sicherte ich mir noch zehn
Exemplare und zahlte einen Dollar pro Stück. Inzwischen haben sich mehrere Freunde gefreut, das seltene Buch von mir in
die Hand gedrückt zu bekommen, und als ich im Jahre 2003
ein Ehrendoktorat der Georgia Augusta Universität Göttingen erhielt, hatte es der Laudator in der Hand, und er entpuppte sich als einer der wenigen, der es gelesen hatte.

Der Vorsitzende des German Department gab ein Mittagessen für mich, um meine Doktorwürde zu feiern. Zur selben
Zeit war auch eine neue Kollegin eingeladen worden. Man
sprach offen darüber, daß man ihr die Stelle auf Drängen der
Verwaltung angeboten hatte, weil man ihren Mann zum Leiter der französischen Abteilung ausersehen hatte. Maria war
gebürtige Wienerin und in München aufgewachsen, sehr
elegant (das ist sie noch heute, obwohl sie weit über achtzig
hinaus ist), was ich nicht war und auch nicht anstrebte. Sie
war also ein paar Jahre älter als ich; dem München der Nachkriegszeit war sie so schnell wie möglich mit einem Farmer
aus Oklahoma entflohen. Maria und ihr zweiter Mann kamen damals aus Washington D.C., wo Maria eine Stelle an
einem College für schwarze Studenten hatte, finanziert von

der Regierung, eine sichere Stelle, wenn auch in Zeiten der Bürgerrechtsbewegung manchmal ungemütlich, weil es für Weiße gefährlich werden konnte. Sie war nicht ganz unglücklich, von dort wegzukommen, aber im Ganzen war's wohl der produktivste Job, den sie je hatte, denn in der kulturell reichen und großzügigen Hauptstadt hatte sie Gelegenheit, aufnahmebereiten schwarzen Studenten das Erbe Europas zu vermitteln.

Maria ist der Mensch, der mir heute am nächsten steht, teils weil wir beide alt geworden sind und es viele unserer Zeitgenossen inzwischen erwischt hat, wie wir seufzend feststellen, das heißt, sie sind entweder gestorben oder siechen in einem Heim vor sich hin, oder sind nicht mehr ganz zurechnungsfähig. Wir rufen einander fast täglich an, schicken E-Mails hin und her, reden über Politik und Übergewicht und empfehlen einander Diäten – typisch amerikanisch, zugegeben –, klagen über die Kinder und schwärmen von den Enkeln. Das ist Oberfläche. Darunter steckt eine dunkle Vergangenheit, die weiter zurückführt als in die verpatzten Ehen, nämlich in die deutsche Vergangenheit, die uns geprägt hat.

Kolleginnen waren wir nur drei Jahre lang, Freundinnen sind wir seit fast einem halben Jahrhundert. Der Gedanke, daß Maria, die ältere, aber gesündere von uns beiden, zuerst stirbt, fühlt sich wie eine grenzenlose Verarmung an, wie die Aussicht, etwas Lebensnotwendiges würde dir entzogen und du stehst hilflos daneben.

Aber damals, als sie zuerst zu uns nach Cleveland kam, mochte ich sie nicht. Sie war mir suspekt, sie sah zu gut aus, die Männer rutschten vor ihr auf den Boden, fand ich, und ihr Vater war noch dazu deutscher Offizier gewesen. Ich war ihr sympathisch, sie mir nicht, sie wollte mir imponieren, ich sah's als Angeberei. Ich glaube, die Kollegen hätten's ganz gern gesehen, daß wir uns angeiferten, wenn sie uns auch nicht gerade aufhetzten. Aber Männer amüsieren sich oft, wenn Frauen nicht miteinander auskommen, und fühlen sich ausgeschlossen, wenn Frauen sich vertragen. Jedenfalls traute ich ihr nicht, während sie mir unerschütterlich entgegenkam. Dann half sie mir, einen Aufsatz, an dem ich arbeitete, in einem Sammelband unterzubringen, dank einer Verbindung, die sie durch ihren Mann hatte, und mir ging allmählich ein Licht auf: Die ist ja gar keine Konkurrentin, die meint's gut, das ist ein Freundschaftsdienst. Ich seh's noch vor mir, es war an einem eiskalten Winterabend, wir waren zusammen in ein öffentliches Schwimmbad gestiefelt, um in Schuß zu bleiben, und sie rief mir im Wasser zu, was ich machen solle, damit mein Beitrag erschien. Es war nicht leicht, etwas unterzubringen, wenn man unbekannt war, zur Beförderung war's aber dringend notwendig. Der Aufsatz wurde schön gedruckt und prangte danach auf meinem noch recht bescheidenen Schriftenverzeichnis.

Jetzt bemühte ich mich, ihr einen ähnlichen Dienst zu erweisen. Ihre Dissertation war unveröffentlicht, teils weil sie selbst nicht von deren Qualität überzeugt war, teils weil ihr Mann wenig davon hielt, obwohl er als Romanist vom Thema gar nichts verstand. In Amerika ist es für die Promotion nicht notwendig, die Dissertation zu veröffentlichen, es ist aber ratsam, wenn man weiterkommen will. Ich wies Maria auf den Peter Lang Verlag hin, riet ihr, die relativ kleine Summe, die der Verlag als Zuschuß verlangte, zu zahlen und das Ding drucken zu lassen. Das geschah auch; ihr Mann wunderte sich, unser German Department war zufrieden mit ihr, sie wurde öfter in der Sekundärliteratur zitiert, und wir hatten zueinander gefunden, gerade durch den germanistichen Betrieb. Seither haben wir einander viele Gefälligkeiten erwiesen, ich habe ihr einmal Geld geliehen, als sie nach ihrer zweiten Scheidung eine neue Wohnung benötigte. Jahrelang besaßen wir gemeinsam ein Sommerhaus an der Küste im Staat Delaware; das einzige Mal, daß ich, dank Maria, bei einem Hausverkauf einen Profit machte. Wir unternahmen daraufhin eine lange Kreuzfahrt, von der noch die Rede sein wird. In mancher Beziehung sind wir wie Schwestern geworden, und wenn man einander manchmal sanft auf die Nerven geht, so hat das mehr mit der Intoleranz des zunehmenden Alterns zu tun als mit persönlichen Eigenschaften.

Maria war einmal beim BDM, aber sie hat keinerlei Grundsätze, wie ich ihr immer versichere, und sie ist endlich draufgekommen, daß das ein Kompliment ist, denn es will sagen, du bist gegen jederlei Ideologie gefeit. Moralische Entscheidungen sind bei ihr immer pragmatisch, nicht prinzipiengesteuert. Sie ist nicht abgeklärt, sie ist abgebrüht, pessimistischer als ich es bin, und das will was sagen. Als ich sie kennenlernte, habe ich das mißverstanden. Der Beginn unserer Freundschaft ist ein Teil des Problemkreises zu der Frage, was ich mit früheren Nazis gemeinsam habe. Gerne möchte ich antworten: nichts, aber es stimmt nicht, wir verstehen uns bestens, nicht immer, aber oft. Maria ist ein relativ einfacher Fall, sie ist zwar sogenannte Arierin und ging in der Nazizeit zur Schule, doch Schliff und Suada dieser überkandidelt männlichen Kultur der Faschisten paßten nicht zu ihr und haben sie sicher nie angezogen. Wichtig ist lediglich, daß sie das alles erlebt hat. Gleich mir, nur anders. Es ist nicht so, daß sie über den Strömungen stand, die in ihrer Umgebung Wellen schlugen, sondern eher, daß sie sie nicht berührten, wie das bei Asozialen der Fall ist. Wer unter Fanatikern asozial ist, der rettet Seele und Verstand, genauso wie einer, der aktiv Widerstand leistet.

Maria hat drei Töchter, eine von ihnen ist an Krebs gestorben, und trotzdem sage ich, sie hat und nicht, sie hatte. Kinder bleiben einem, selbst wenn sie tot sind. Das war auch bei meiner Mutter so. Schorschi, mein Bruder, war immer da. Nicht wegzuwischen. Und ich war immer das zweite Kind, nicht das einzige. Maria kannte ich schon während der vielen Jahre, als ihre Tochter noch lebte und ihr Sorgen bereitete. Nach ihrem Tod dachte ich dummer- und naiverweise, vielleicht wird's jetzt leichter für Maria. Aber die tote Sylvia ist nach wie vor da, sie geistert herum. Wenn ich Maria anrufe, sagt sie manchmal unvermutet: »Die Sylvia hat nichts vom Leben gehabt, nie«, und dann wird sie aufgefressen von Mitgefühl. Denn das echte Mitgefühl ist wie ein Parasit oder ein Bandwurm, der das hilflose Opfer verzehrt.

Wir haben den Krieg gemeinsam, wie wir das Sommerhaus in Delaware gemeinsam hatten, auch Erinnerung ist ein Eigentum, wenn auch keine Immobilie. Unsere Erinnerungen sind Eigentum und Mangel zugleich, der Zusammenbruch sozialer Zusammenhänge und, damit verbunden, die stetige Erwartung ähnlicher Zusammenbrüche in der Zukunft. Wir erwarten nicht, daß irgend etwas so bleibt, wie's jetzt ist.

Ich krame in alten Tagebüchern aus der Zeit in Cleveland und stelle fest, daß Maria gar nicht darin vorkommt. Das erstaunt mich, denn sie ist das, was aus diesen Jahren vor allem geblieben ist. Die Tagebücher sind voll von Einzelheiten über ein paar kurze, gescheiterte Liebesaffären, die mir in der Rückschau ganz unerheblich vorkommen, mich aber an-

scheinend mehr beschäftigten, als das Gedächtnis sich eingestehen möchte; das Gedächtnis will sie zusammenrücken
oder komprimieren. In den Notizen steht viel über meinen
letzten Versuch mit der Religion, ein Ausflug in die höheren
Regionen, den ich auch bereits der Vergessenheit überlassen
hatte. Dabei handelte es sich nicht ums Judentum, sondern
um eine Variante der vielen Meditationsgruppen, die damals
überall florierten. »Transcendental meditation« war wohl
eine der verbreitetsten. Ich hatte mich einer Gruppe angeschlossen, die sich »Subud« nannte, indonesischer Herkunft
war und durch Kontakte zu der Bewegung des griechisch-ar-
menischen Mystikers Gurdjieff entstanden war, der einmal
regen Zulauf von britischen Intellektuellen hatte. Man nahm
sich täglich geistige Übungen vor, darunter ganz einfache, die
aber jedes Mal Konzentration und Besinnung erforderten.
Etwa einen Augenblick innezuhalten, bevor man eine Tür
öffnete und sich zu sagen: Ich bin. Der Aufwand ist gering,
die Belohnung ein Moment der Ausgeglichenheit, ähnlich
wie im Gebet. Noch gebetähnlicher waren die Übungen bei
den gemeinsamen Treffen der Gruppe, wo die gemeinsame
Meditation einen gesteigerten Bewußtseinsgrad bewirkte.
Doch es fiel mir auf, daß der kritische Verstand dabei nicht
profitierte, daß er sogar zu kurz kam. Die Ansichten in der
Gruppe über den Vietnamkrieg und andere politische Fragen
waren so unreflektiert wie in der Durchschnittsbevölke-
rung. Oder noch naiver und unter dem Bildungsniveau der
Teilnehmer. Es mag sein, daß jede Hinwendung, die einem
Glaubensbekenntnis gleichkommt oder auch nur ähnelt, die
Tendenz unterstützt, den Verstand abzustumpfen und brach-
zulegen. Von »Subud« abgekommen bin ich schließlich, als
ich bei einer deutschen Gruppe, die ausgerechnet in der

Volkswagenstadt Wolfsburg ihr Zentrum hatte, draufkam, wie zweitrangig Frauen in dieser Pseudoreligion behandelt wurden. Genau wie in fast allen anderen Religionen, von denen ich weiß. In Wolfsburg wollte man Frauen dabeihaben, auch unabhängige und berufstätige, aber nur, wenn sie innerhalb der Gruppe den Bedürfnissen der Männer dienten. Kleine Mädchen durften nicht dieselben Spiele wie kleine Jungen spielen, und wenn die Männer etwas essen wollten, so mußten die Frauen es stante pede herrichten, auch wenn sie gerade meditierten. Wozu brauche ich das alles, fragte ich mich und gab's auf.

Damals glaubte ich noch an einen sozusagen unverbindlichen Gott, einen, den man zwar weder für die natürlichen noch die menschlichen Übel in der Welt verantwortlich machen kann, der aber doch eine höhere Instanz darstellt, ein universeller Geist, der existiert, weil es etwas Umfassenderes geben muß als das, was ich bin. Auch dieser Glaube ist mit der Zeit verschwunden, hat sich sozusagen getrollt wie ein lange geduldeter Gast, der sich für sehr weise hält, von dem man schließlich genug hat.

Präsident Johnson trommelte für den Krieg in Vietnam, die Studenten trommelten hingegen für die Revolte. Verständlicherweise wollten sie nicht eingezogen werden, und daher gab es eine Inflation guter Noten. Wer wollte schon einen jungen Burschen in den Krieg schicken, nur weil er die mysteriösen Regeln der deutschen Nebensätze nicht beherrschte? Gute Noten halfen, am College bleiben zu dürfen. Oder man verweigerte als Pazifist den Dienst mit der Waffe, besonders auf religiöser Grundlage, wie etwa die Quäker, die »Society of Friends«. Gewissensvorbehalte gegen diesen spezifischen Krieg waren indessen kein Grund für die Kriegsdienstverweigerung. Glück beziehungsweise Pech spielte jedoch eine Rolle. Die allgemeine Wehrpflicht war als Lotterie geregelt, denn man brauchte nicht alle jungen Männer der betroffenen Jahrgänge: Jeder mußte eine Nummer ziehen, und von der Nummer hing ab, ob und wann man aufgerufen wurde. Meine Kinder waren zu jung, um betroffen zu sein, doch gegen Ende des Krieges, schon unter Präsident Nixon, hatte Percy doch noch eine Nummer zu ziehen. Die war glücklicherweise so hoch, daß der Krieg bereits vorbei war, bevor er gerufen wurde. Eine Möglichkeit wäre es auch gewesen, sich nach Kanada abzusetzen. Die das taten, wurden jedoch als Deserteure abgestempelt und durften auch nach dem Krieg nicht zurück in die Vereinigten Staaten.

Für die Söhne der Mittelklasse war es viel leichter, sich rauszuhalten, als im Zweiten Weltkrieg. Alle Methoden und jeder Schwindel wurden von der Jugendbewegung und den Kriegsgegnern akzeptiert. Daher hatten zum überwiegenden Teil die Armen und die Schwarzen diesen Krieg auszulöffeln.

Einmal kam ein FBI-Agent in meine Sprechstunde, um sich nach einem Studenten zu erkundigen, der angegeben hatte, er sei als Pazifist erzogen worden und gegen jeden Krieg. Ob das meiner Beobachtung nach so stimme, oder ob er ausschließlich ein Gegner des Vietnamkriegs sei? Ich hatte Grund anzunehmen, das letztere sei der Fall, habe aber keinen Augenblick gezögert, dem Beamten lang und breit zu erklären, wie grundsätzlich der junge Mann den Krieg verwerfe, auch wenn er keiner pazifistischen Kirche angehöre. Ich ließ durchblicken, daß ich selbst keine Kriegsgegnerin sei. Diese Lüge hat mich keine Minute meines Schlafs gekostet. Ich war zufrieden mit meiner Aussage und hoffte, daß sie die erwünschte Wirkung erzielte.

Ich nahm meine Kinder auf Antikriegsdemonstrationen mit, auch nach Washington, wo wir nach langer Busfahrt eintrafen und den Tag bei Protestkundgebungen verbrachten. Maria fand, man solle Kinder keiner Gefährdung aussetzen. Ich entgegnete, die Buben sollen mich später nicht fragen, was ich gegen den Krieg unternommen habe, sondern sie sollen sich selbst daran erinnern. Percy war eifrig bei der Sache und ist heute froh darüber; er sagt, er sei der einzige unter seinen Altersgenossen, die vor dem Pentagon Blumen verteilt haben.

Dan ist der Mensch, mit dem ich länger als mit sonst jemandem zusammengelebt habe, denn Percy hat mich in Cleveland verlassen. Man denkt, man kann's besser, ist eine bessere Mutter, als Tom ein Vater ist. Er gibt die Kinder während der Ferien an die jeweilige Frau weiter, unternimmt nichts mit ihnen, hört ihnen nicht zu, und ich bemühe mich doch. Und dann sagt mir Percy, als er dreizehnjährig von den Sommerferien zurückkommt, es gefiele ihm nicht mehr bei mir, er habe hier in Cleveland keine Freunde, es sei nichts los. Was sollte ich mit einem Kind machen, dem's bei mir nicht gefällt? Vielleicht geht's im Haushalt des Vaters ordentlicher zu, bei mir ist ein Durcheinander, ich habe meine Arbeit, auch Freunde, den ganzen Universitätsbetrieb um die Ohren. Ich hab Scheidungen gesehen, bei denen man sich jahrelang bekriegte, mit den Kindern als Geiseln, sowas kam bei mir nicht in Frage. Wenn Percy bei seinem Vater leben wollte, so mußte er sich entscheiden und zwar schnell, denn die Schule fing in ein paar Wochen an. Er bejahte mit erstickter Stimme. Anrufe von Ohio, wo ich wohnte, nach New York, wo Tom wohnte. Sicher kann er kommen, er hat sogar ein Paar Socken hiergelassen. Hat der Vater ihn aufgewiegelt? Ich glaube nicht, das war nicht seine Art, er hat viele Fehler, aber keine Hinterlist. Auf der Fahrt zum Flughafen kamen dem Buben die Tränen. Willst du doch bleiben?, fragte ich ihn, verzweifelt und voller Hoffnung. Er schüttelte den Kopf. Später, als Erwachsener, hat er einmal angedeutet, ich hätte um ihn kämpfen sollen. Fällt mir nicht ein, er ist alt genug zu wählen, in welchem Elternhaushalt er wohnen will. Ich sage ihm noch, sag's immer wieder, er kann zurückkommen, wann immer er will, setze ihn ins Flugzeug, fahre allein zurück und denke, er hat mir das Herz gebrochen. Und denke: ein blödes Klischee. Und tröste mich: Er ist in dem Alter, wo manche Kinder ungeduldig werden und von zu Hause weglaufen. Da ist es vielleicht ganz gut, wenn er einen Vater hat, zu dem er laufen kann. Und denke: Es war die engste aller Verbindungen, mein erstes Kind, eine ganz unvergleichbare Liebe.

5. GERETTETE SCHERBEN

Ach, es war ja nicht das Ende. Im Jahr darauf hatte Tom ein Sabbatical und ging mit seiner Familie nach England. Percy begleitete ihn mit meiner Zustimmung, denn es schien sinnvoll, daß er die Gelegenheit wahrnahm, in einem anderen Land zur Schule zu gehen und eine andere Kultur einzuatmen. Zwei Jahre beim Vater, dazwischen Besuche beziehungsweise Ferien bei mir; aber nie lange und immer höflich distanziert; herzlich vielleicht, wenn auch nur dann und wann, aber nicht intim.

Dann kam er tatsächlich zu mir zurück, nach Kansas, wohin ich inzwischen gezogen war, weil das Deutsche Seminar in Cleveland aufgelöst worden war, aufgrund mangelnder Studenten und finanzieller Einschränkungen. Ich hatte in Kansas sogar eine bessere Stelle ergattert. Er kam und lebte zwei Jahre bei mir, freundlich und ein wenig fremd, aber das sind Buben oft in diesem Alter, dann ging er wieder, ins College nach Yale, eine der exklusivsten Unis überhaupt. Tom war sehr stolz auf seinen Sohn, ich reagierte eher skeptisch, aber wir teilten uns die Kosten dieser Ausbildung und Percy verdiente dazu. Solche Eliteinstitute sind wählerisch bei der Aufnahme neuer Studenten. Das Jahr in England hatte sicher geholfen. Er hatte Glück, aber er war nicht glücklich dort, hat sehr wenig gelernt, abgesehen von Verachtung für die Kinder der Reichen. Und eine Abneigung gegen eine akademische Karriere hat er sich dort zugezogen wie einen lebenslänglichen Schnupfen.

Die berühmten Professoren geben sich nicht mit dem Unterricht der Undergraduates ab. Dazu sind die Assistenzprofessoren gut genug, der Mittelbau, dem man schon bei der Einstellung einschärft, er möge nicht damit rechnen, hier etwas aufzubauen. Yale sei lediglich ein Sprungbrett. Um vom Sprungbrett springen zu können, ohne auf dem Bauch zu landen, muß man viel veröffentlichen. Der Unterricht wird dementsprechend vernachlässigt. Percy hat in seiner Mittelschule in Lawrence, Kansas, mehr gelernt. In einem Museum fragte er mich einmal unvermutet, was denn eigentlich der Unterschied zwischen der Renaissance und der Reformation sei. Zwar ist auch Dan unbeleckt von dem, was man in Europa angeblich noch immer Allgemeinbildung nennt, und schließlich sind sie beide Amerikaner, und die Geschichte ihres Landes ist anders als die des alten Kontinents, aber mein jüngerer Sohn hat keine intellektuellen Allüren, und Percys Frage war symptomatisch dafür, was ihm in Yale alles nicht beigebracht wurde.

Nach zwei Jahren hatte Percy das Studium satt; er nahm sich ein Freisemester und reiste kreuz und quer durch Lateinamerika. Das einfache Leben und die Friedlichkeit Costa Ricas beeindruckten ihn. Zwar absolvierte er schließlich noch seinen Bachelor in Yale, aber es zog ihn nach Costa Rica zurück, wo er heute mit seiner Frau und zwei Kindern lebt und Drehbücher schreibt.

Eine freundliche Kälte ist das Merkmal unserer Beziehung. Am liebsten sprechen wir über Politik. Ein neutrales Thema, bei dem wir uns einig sind. Wir wählen die Demokraten und schimpfen viel. Seine Frau kann mich übrigens nicht leiden. Ich sehe und höre wenig von ihnen, und es gab Zeiten, wo mir das schlaflose Nächte bereitete, jetzt aber nicht mehr. Man kann nicht alles haben, und es hat wenig Sinn, Aussprachen über die Entfremdung zu erzwingen. Ich habe es zaghaft versucht, dann aufgegeben. Man muß sich damit abfinden, daß jemand, der dir nahesteht, kein Bedürfnis hat, dich oft zu sehen. Er atmet wahrscheinlich auf, wenn du weggehst, und seine Frau sagt, das hätten wir jetzt für längere Zeit hinter uns.

Beide Söhne leben in soliden Ehen, was mich freut. Den Graus einer Scheidung hab ich ja erlebt. Man behauptet, Kinder geschiedener Eltern seien eher gefährdet als andere, sich wieder scheiden zu lassen. Stimmt nicht, ebensowenig, daß Kinder von Rauchern selber Raucher werden.

So ernst Percy seine Ehe nimmt, so ist seine Einstellung trotzdem eine andere als die meiner Generation. Ein Sakrament war sie auch für unsereinen nicht, aber wenn sie als bloße Formalität behandelt wird, so empört mich das doch. Einmal hat Tom auf seinem Weg von einer Frau zur nächsten, eine Katholikin heiraten wollen; deren Familie bestand darauf, seine frühere Ehe müsse annulliert werden. Ich weigerte mich. Zehn Jahre Ehe, zwei Kinder, und das soll nichts gelten? Das ist dir wurscht? Mir nicht, das war mein Leben. In die jüdisch-orthodoxe Scheidung hatte ich Jahre zuvor eingewilligt, weil eine Tante seiner zweiten Frau, die selbst gar nicht religiös war, es so verlangte, und das obwohl es mir blödsinnig erschien, da wir nur standesamtlich geheiratet hatten. Das Ritual war unangenehm, ich mußte mit dem kleinen Danny zu einem Rabbiner gehen, den ich nicht kannte, mußte sein zur Schau gestelltes Mitleid ertragen und mir einen aramäischen Scheidungsbrief aushändigen lassen. Ich empfand das als geradezu widerlich – aber bitte. Geschieden sind wir ja, soll's also auch auf jüdisch gelten. Doch annullieren? Als hätte die Ehe nie stattgefunden, sei nie vollzogen worden? Sei keine Ehe gewesen? Nein! Und dann war plötzlich Percy da, den hatte mir Tom auf den Hals geschickt, der sollte mich überreden, daß die Verbindung, der der Bub immerhin sein Leben verdankte, eine Spielerei gewesen sei. Er hat's tatsächlich versucht, und ich war schwer beleidigt und habe mich erst recht geweigert. Wenn diese Frau ihn heiraten will, argumentierte ich, so soll sie sich im klaren darüber sein, daß er schon verheiratet gewesen ist. Letztlich hat er dann eine andere als dritte Frau genommen.

Ich kam zu dem Schluß, daß es bei Percys Vorstellungen von Ehe irgendwo haperte. Das hatte auch seine positiven Seiten, auf die ich stolz war. Einmal ist er aus sozialer Verantwortung eine Scheinehe mit einer Perserin eingegangen, die nicht zu den »verdammten Mullahs« im Iran zurückwollte. Ich hatte keine Ahnung davon, als er eines Morgens anrief und sagte: »Ich hab dir eine Neuigkeit zu erzählen. Ich lasse mich scheiden.« »Oh«, erwiderte ich betreten, »ich wußte gar nicht, daß du verheiratet warst.« Er erklärte mir, es sei Sheherezades einzige Möglichkeit gewesen, ihre Aufenthalts- und Arbeitserlaubnis zu kriegen, und da er, Percy, selber das Kind von Flüchtlingen und Einwanderern sei, so habe er etwas für die Freundin in dieser verflixten Situation tun wollen. Ich war beeindruckt und war es noch mehr, als ich Sheherezade kennenlernte. Sie arbeitete als Maskenbildnerin in Hollywood, war bildhübsch, witzig, gebildet, und ich dachte nur: Warum kann er sie nicht behalten? Das wäre eine Schwiegertochter ganz nach meinem Geschmack. Nach der

Heirat sehnte sie sich danach, ihre Familie in Iran zu besuchen, obwohl ihr alle davon abrieten, aber sie bestand darauf, und ihr Gatte mußte schriftlich erklären, daß er die Reise bewilligte. Ich weiß nicht, ob diese erforderliche Genehmigung ihn mehr empörte (er ist ja als Feminist erzogen worden) oder amüsierte, wahrscheinlich letzteres. In Schweiß sei er erst geraten, als die Scheidung durchgeführt wurde, denn die Beamten wissen, daß Scheinehen in den USA eine Art Heimindustrie sind, und stellen verfängliche Fragen. Sie fragen dann womöglich, erklärte Percy, wie die Tapete im Schlafzimmer aussieht, und erwarten natürlich, daß beide Ehepartner dieselbe Antwort geben. Und warum, wollte ich wissen, ist Sheherezade weniger nervös als du? Weil sie die bessere Lügnerin ist, meinte er bewundernd und neidisch zugleich. Bis heute sind die beiden befreundet und sehen sich gelegentlich, wenn sich mein Sohn in Los Angeles aufhält. Wenig später hat er seine jetzige Frau und die Mutter seiner beiden Kinder geheiratet; von Anfang an hat sie mich mit ihrer bösen Stiefmutter verwechselt. Eingedenk dessen, wie es König Lear erging, als er sich's bei seinen Töchtern gemütlich machen sollte, habe ich die beiden nie in Costa Rica besucht.

Dan wohnt in meiner Nähe und hat eine liebe Frau und zwei Kinder, die ich hin und wieder zu sehen bekomme, aber auch nicht eben oft. Er ist entsetzt, daß ich noch immer die Regeln des Baseballspiels nicht verstehe. Sein kleiner Sohn spielt mit Begeisterung dieses uramerikanische und für mich so langweilige Ballspiel. Auf Dan kann man sich leider nicht verlassen, auch eine feste Verabredung garantiert nicht, daß ein Versprechen eingehalten wird, wenn ein geheimes Ressentiment dagegen wirkt. Dann stehe ich zum Beispiel am

Flughafen und warte. Der Flughafen ist ein gutes Stück von meinem Zuhause entfernt und gar nicht weit von seinem, und ich habe mehr Gepäck, als ich schleppen kann, und er hat Muskeln, während ich einen bockigen Schrittmacher habe. Er hat's vergessen oder wartet am falschen Ausgang. Sowas ist öfter als einmal passiert. Auch mit Percy. Die Reisen der Eltern scheinen einen erbitterten, unterschwelligen Widerstand in den Kindern hervorzurufen. Jetzt bitte ich Menschen, mit denen ich in keinem neurotischen Verwandtschaftsverhältnis stehe, mich abzuholen oder nehme gleich ein Taxi. Dennoch ärgert man sich, mehr noch, man kränkt sich, dann nimmt man's hin. Man hat diese Kinder und keine anderen. Und man liebt sie, in aller Unvernunft und auf immer.

Noch immer rufe ich Dan an und bitte ihn, dies und jenes für mich zu erledigen; Sachen, die Männer besser können als Frauen, entweder weil sie stärker oder weil sie jünger sind oder weil sie sich mit mechanischen und technischen Dingen besser auskennen als unsereiner, zumindest als die meisten Frauen. Er verspricht jedes Mal, er wird's tun, er wird kommen, die Dusche richten, ein altes Möbelstück wegtragen, aber dann kommt er doch nicht, vergißt's oder findet Ausflüchte, die vielleicht gar keine sind, sondern wirklich darauf beruhen, daß er Wichtigeres zu tun hat. Das letzte Mal war's ein neues Modem, das installiert werden sollte. Ja, das könne er; zwei Tage später auf dem Beantworter, mit ungeheurer Anstrengung wird's ihm am Wochenende gelingen. Ich rufe zurück, hinterlasse die Nachricht, es sei nicht notwendig, bitte einen begabten Studenten, er soll mir helfen. Der kommt gleich am nächsten Tag. Er erzählt mir begeistert, was in seiner Dissertation über Schillers »Ästhetische

Briefe« stehen wird, hat die Sache im Handumdrehen im Griff, nein, bezahlt will er nicht werden, ich schenke ihm eine Flasche Sekt. Er zieht zufrieden ab, Danny ist aus dem Schneider, ich habe mein neues Modem, wozu rege ich mich eigentlich auf?

Als Percys Tochter Antonia dreizehn wurde, schenkte ich ihr einen guten Computer zum Geburtstag, hatte den Vater vorher informiert, sogar seinen Rat eingeholt und das Gerät entsprechend ausgesucht. Dreizehn ist Konfirmationsalter, Bar Mitzvah für die Buben, und die Mädchen kriegen in unserer gleichberechtigten Zeit eine Bath Mitzvah, eine Art Trostkonfirmation, denn für die Orthodoxen gilt sowas nicht. In unserer Familie feiert man zwar diese Feste nicht, doch ein Anlaß für Geschenke ist allemal willkommen. Ich wollte ihr etwas Handfestes und Brauchbares geben. Überdies hatte ich versprochen, mit Raphael, dem drei Jahre jüngeren Bruder, auszugehen und auch ihm etwas Schönes zu kaufen. Die Vorfreude auf den Besuch aus Costa Rica war groß. Aber bevor sich Antonia noch für das Geschenk bedanken kann, legt mir meine Schwiegertochter eine große Schachtel auf den Schoß und sagt streng: »So, jetzt gibst du Raphael auch einen Computer, damit er nicht zu kurz kommt. Hier ist einer.« Sie sagte es vor den Kindern. Seither bin ich ihr aus dem Weg gegangen und habe sie nicht wiedergesehen. Wer weiß, was ihr sonst noch einfällt, um mich zu beschämen. Mit den Enkeln hab ich's noch ein paarmal versucht, auch per E-Mail, aber das ist dann auch im Sand verlaufen. Es waren ein paar schlimme Monate, denn gerade mit Antonia, glaubte ich, könnte ich mich gut verstehen; sie liest viel und interessiert sich für Gedichte. Wie so oft im Leben fragte ich mich selbstmitleidig: Warum? Warum nur? Aber mit dem Kopf durch die Wand geht's nicht, und ich bin sowieso der Typ, der Hindernisse bewältigt, indem er sie umgeht, statt versucht, sich durchzusetzen.

Nicht zum ersten Mal dachte ich damals, es sei das Ende. Aber siehe da, der Sohn läßt sich nicht abschütteln, kommt mich besuchen, wenn er im Lande ist, bringt eventuell auch die Kinder mit, die mir – zu meinem Leidwesen – fremd geworden sind, und nimmt's in Kauf, daß ich seine Frau nicht sehen will. Wenn du dich nicht damit abfindest, so hast du deine Familie nicht einmal im Notfall. Und im Notfall kann ich mich doch auf sie verlassen. Als mir das Herz wieder einmal schwer zu schaffen machte und ich wochenlang jemanden im Haus haben mußte, da kam Percy auf zwei Wochen, die sehr angenehm verliefen, allerdings um den Preis, daß wir nicht über die Familienverhältnisse sprachen. Naja, was will man?

Merkwürdig, wie sich Kinder und Haustiere im Unterbewußten oder im Halbbewußtsein vermischen. Beide stehen einem auf eine kreatürliche Weise nahe, und bei beiden habe ich immer ein schlechtes Gewissen. In meinen Träumen treffen oft die Katzen und Hunde auf die Kinder, immer begleitet von Reue oder Bedauern. In Kalifornien hatten wir eine Katze namens Lolita, die wir nach Cleveland mitnahmen. Sie starb eines Abends unter großen Schmerzen, es war zu spät gewesen, um noch einen Tierarzt aufzusuchen (oder habe ich etwas versäumt, und wir hätten doch noch einen gefunden?). Sie heulte, wahrscheinlich hatte sie Gift gefressen. Wir versuchten es ihr bequem zu machen, was kaum gelang. Bis heute geht sie mir nicht aus dem Kopf. Ich habe ihren Kadaver auf den Müll geworfen, sie zu begraben schien mir unsinnig, verlängert nur den Schmerz, meinte ich, und ist sentimental. Auf Lolita folgte ein Hund, ein eigenwilliger Kerl, von dem wir uns in Cincinnati trennen mußten, weil der Vermieter sich im nachhinein entschloß, keinen Hund in der Wohnung zu dulden, obwohl das vorher anders abgemacht war. Ich wußte mich nicht zu behaupten, weinend (ich weine fast nie) habe ich ihn ins Tierheim gebracht, voller schrecklicher Erinnerungen, als hätte ich ein Kind aufgegeben. Der Hund fand tatsächlich einen neuen Besitzer, und es ging ihm hoffentlich gut. Aber das Kind, das hab ich ja dann auch weggegeben.

Denn nach der Gastprofessur in Cincinnati sollten wir zurück nach Kansas, ich bekam aber ein besseres Angebot aus Virginia. Da legte sich Danny quer und wollte die Schule, in der er sich wohl fühlte (und wo er unter anderem ein hervorragender Schwimmer geworden war), nicht aufgeben. Ich fand ein Unterkommen für ihn bei Freunden und ließ ihn dort. Percy war ohnehin bereits im College. Dan schloß die Mittelschule fern von der Familie ab, und ich war in Virginia allein. Später, als Student in Kalifornien, wohnte Dan noch einmal bei mir, aber da war ich eher der Ersatz für das Studentenheim. Er ging seine Wege, ich meine.

Ein Leser dieser Zeilen sagt: Bitte die Haustiere und die Kinder nicht durcheinandermischen. Der Trennungsvorgang mag ähnlich sein, aber es ist doch was ganz anderes! Psychologisch ist das gar nicht so anders, darum steht es hier so ausführlich. Die Mischung mag neurotisch anmuten, aber gerade darum gehört sie hierher.

Meinen letzten Hund, die Hündin Bella, ließ ich in Irvine bei Freunden, als ich nach Göttingen ging, um dort das Kalifornische Studienzentrum zu leiten. Während meiner Abwesenheit ist sie an einem Leberleiden gestorben. Sie war ein unabhängig veranlagtes Vieh, eine 68erin nannte sie einmal einen Spontihund, sie streunte gern, jagte Eichhörnchen und verärgerte die Katze Golda humorvoll (ich schwör's: Bella hatte Humor). Bella war erst acht Jahre alt, als sie starb. Und ich denke immer, mein Weggehen war schuld an ihrem Tod. Sie läuft durch meine Träume, geht von einem Zimmer ins andere und sucht mich. Manchmal sage ich mitten am Tag ihren Namen, rufe sie unsinnigerweise. Sie war mit mir in Princeton, wir haben uns aufs beste verstanden. Seither habe ich kein Tier mehr, ich bin zu viel unterwegs und werde zu alt. Es war eine lange Lebensphase, mit Katzen und Hunden und Kindern, gewissermaßen eine Einheit, die ist vorbei.

Wenn eine Liebesaffäre zu Ende geht, egal ob er dich oder du ihn sitzen läßt, dann wendet man sich anderen Dingen zu – der Arbeit, den Freunden, oder man unternimmt eine Reise, wenn man sich's leisten kann, manchmal reicht auch ein Ausflug oder ein paarmal ziellos im Auto herumfahren. (Nur die Frauen im 19. Jahrhundert, die zu Hause bleiben mußten, fanden das Ende der Beziehung zu einem Mann unerträglich.) Wenn aber die Beziehung zu einem Kind scheitert, so ist es eine Mauer, an der man sich den Kopf einschlägt, wenn man nicht vorsichtig ist. Es gibt keinen Ersatz dafür. Dabei ist scheitern ein zu heftiger Ausdruck, man bleibt ja doch weitläufig miteinander in Verbindung. Vielleicht wäre es mit Töchtern anders gewesen, Söhne setzen sich mehr von den Müttern ab. Meine Freundinnen haben Töchter, die ihnen sogar Intimes erzählen, oft ins Haus schneien und um Rat und Hilfe kommen. Natürlich frage ich mich, was ich vernachlässigt habe. Alle zwei Wochen ein Telefongespräch mit ihnen, damit wäre ich ja schon zufrieden, aber auch das läßt sich nicht machen. Dan, ein tüchtiger Geschäftsmann, braucht nur zehn Minuten, um von seinem Arbeitsplatz zu meiner Wohnung zu fahren, und könnte gelegentlich zum Mittagessen kommen, er tut's aber nicht. Im Freundeskreis gilt er als ein netter Kerl. Wenn ich mich aufraffe und die vierzig Minuten zu seinem Haus fahre, meistens nur, wenn ein Fußballspiel von einem der Kinder bevorsteht, sind alle höflich, aber ein Gespräch kommt nicht zustande. Nie ist Zeit zur Unterhaltung unter Erwachsenen. Mit anderen Kindern kann ich herumtollen, mit meinen Enkeln bin ich befangen und immer auf Kritik gefaßt. Irgendwann kapierte ich, daß meine beiden Söhne nicht viel mit mir zu schaffen haben wollten, schob's zuerst beiseite, verlangte Zuwendung, dann erholte ich mich, bastelte kompensierend an Geschriebenem, und sei's auch nur einer Rezension des letzten Harry-Potter-Bands, und verfaßte ungeschriebene Sätze wie: »Sie hatte sich die Liebe zu den Kindern abgewöhnt, wie sie sich das Rauchen abgewöhnt hatte, eine schlechte Gewohnheit, die krank macht.«

Dennoch bleibt meine Identität, das innerliche Ich, nach wie vor von ihrer Existenz bestimmt. Wir sind halt anders als Katzen – diese bewundernswert aufopfernden Mütter, bei denen trotzdem der Zeitpunkt kommt, an dem sie sich auf ein hohes Möbelstück setzen, wo die Kleinen nicht raufkönnen, und sie unten jammern lassen, bis dem Nachwuchs endlich ein Licht aufgeht, daß die Mutter sie nicht mehr füttern wird und jetzt wieder auf ihrem eigenen, ungestörten Leben besteht. Da trollen sie sich schließlich schlecht gelaunt und vergessen nach einigen Wochen, daß sie je klein gewesen sind.

Mein Leben als Mutter ist untrennbar vom Rest. Ich bin nicht auf der einen Seite Germanistin und Autorin, auf der anderen Seite eine Frau mit Kindern: Das eine gehört zum anderen, die Frage, was wichtiger sei, ist so müßig wie die Frage, ob das rechte Bein mehr wert ist als das linke. Mit dem Altern tritt die selbständige Arbeit allerdings in den Vordergrund.

In meinem Buch »weiter leben« habe ich über das Dilemma der Überlebenden geklagt, die ihren Kindern entweder zuviel oder zuwenig von den Lagern erzählen. Percy versicherte mir, ich hätte es genau richtig gemacht, weder zuviel noch zuwenig. Aber da er nie eine Frage gestellt hat, weder vor dem Buch noch nachdem er es gelesen hatte (ich nehme an, daß er es gelesen hat, sicher bin ich nicht), bedeutet das, er wollte so wenig wie möglich über diese Kindheit und Jugend wissen.

Ich weiß nicht, was man an dieser Entwicklung der Scheidung anrechnen kann oder doch auch zum Teil dem KZ-Hintergrund der Mutter. Bei den Kindern der Überlebenden ist es ja Mode geworden, über die Bürde, die ihnen die Vergangenheit der Eltern auferlegt, zu schreiben oder in Gruppen zu diskutieren. Meine Söhne haben bei sowas nie mitgemacht, und ich hab immer die Unterstellung zurückgewiesen, der Nationalsozialismus könnte unser Verhältnis zueinander negativ beeinflußt haben, aber natürlich ist es einfacher für mich, das Problem, wenn es denn eins ist, nicht anzuerkennen. Die Frage bleibt offen.

Es gibt in der amerikanischen Literaturwissenschaft nur sehr wenige Frauen meiner Generation, die es geschafft haben, richtige Universitätsprofessorinnen zu werden –, und ich glaube alle Germanistinnen unter ihnen persönlich zu kennen. Für die jüngeren war's dann leichter, das sehe ich mit

Vergnügen, von denen gibt's viele. Und so denke ich manchmal rückblickend, vielleicht wäre es doch besser gewesen, als Bibliothekarin weiterzuarbeiten, als sich in einem von Männern beherrschten Beruf durchzuschlagen, in dem überdies Juden nicht immer und überall gern gesehen waren.

Doch so denke ich nur, wenn ich unzufrieden mit anderen Entscheidungen bin, denn es war ein wunderbarer Beruf, mit unvergleichlichen Höhepunkten, die nicht nur einmal im Jahr, einmal im Semester oder auch nur einmal in der Woche stattfanden, sondern eigentlich fast täglich, immer wenn ich das Gefühl hatte, den Studierenden etwas klargemacht zu haben, wenn ich merkte, daß einem oder einer in der Klasse ein Licht aufging. Oder wenn mir selbst beim Lesen und Vorbereiten ein Licht aufging. Ein kleines Licht genügt, wie das plötzliche Verstehen eines schwierigen Verses oder einer Szene. Und manchmal ist da auch ein größeres Licht, eine Verbindung stellt sich her zwischen dem Dichter und dem, was ich bin, war oder geworden bin. Etwa ein paar Verse von Rilke:

»… nur die Klage lernt noch; mädchenhändig
zählt sie nächtelang das alte Schlimme.
Aber plötzlich, schräg und ungeübt,
hält sie doch ein Sternbild unsrer Stimme
in den Himmel, den ihr Hauch nicht trübt.«

Ich denke, das stimmt, aber in Prosa kann man das nicht sagen, es wird der Wirklichkeit nicht gerecht. Es handelt auch nicht von der Wirklichkeit, sondern von dem, was in uns vorgeht, wenn uns ein poetisches Wort berührt. Es ist wie das Wort in der Bibel über die Schöpfung der Welt, wo es heißt,

Gott sah, »daß es gut war«. Natürlich war's auf der Welt nicht gut, damals nicht, als dieser Satz geschrieben wurde, und heute noch immer nicht, aber das Bild vom zufriedenen Gott besitzt eine Ausstrahlung. Die eben zitierten Verse sind kein Glaubensbekenntnis für mich, ich kann sie nicht einmal verteidigen – kann sich das Schlimme zum Sternbild wandeln, muß man nicht darauf bestehen, daß es das Schlimme ist und bleibt? Ich habe sie auch nie meinen Studenten vorgelegt, doch sie gehören zu meinem intimsten Gedankengut. Wie der Gott, der eine gute Welt geschaffen hat. Ja, ich war sehr gerne Germanistin und bin's noch immer, wenn ich auch seit einigen Jahren nicht mehr unterrichte.

Ted, mein ehemaliger Kollege in Berkeley, jetzt auch schon von der Universität von Kalifornien in Los Angeles (UCLA) emeritiert, den ich lange aus den Augen verloren hatte und mit dem ich neulich wieder einen kurzen E-Mail-Austausch hatte, schreibt: »Deine Karriere ist sehr gelungen, du bist doch so viel herumgekommen, hast die Universitäten so oft gewechselt.« Ich antworte zögerlich: »So gelungen war sie nicht, diese Karriere«, und erwarte, daß er nun seinerseits fragt, worüber ich mich denn zu beschweren hätte. Dann würde ein Gespräch über die vergangenen Jahre in Gang kommen, von dem wir beide vielleicht profitiert hätten.

Aber er fragt nicht, warum ich die Karriere als nicht so gelungen ansehe oder warum ich die Stelle so oft gewechselt habe oder was es mich gekostet hat. Vielleicht ist er neidisch, obwohl sicher nicht sehr, aber vielleicht ist auch er rückblickend nicht ganz zufrieden mit seinem Leben. Zum Preis des ewigen Umziehens gehörten zum Beispiel elf Jahre ohne ein einziges Freisemester, das man normalerweise alle drei bis sechs Jahre bekommt. Hätte Ted gefragt, so wäre die Antwort gewesen: »Weil's zu schwer war, zu viele Hindernisse, zu viele Sorgen, zu viele, wenn auch nicht öffentlich ausgetragene Feindseligkeiten und Enttäuschungen.« Er war sich wohl seiner Sicht der Dinge zu sicher – oder zu unsicher. Unter unseren damaligen Kommilitonen waren einige Frauen, die zumindest so viel von Literatur verstanden wie er und ich und die besser und schneller arbeiteten als ich. Oft ist ihr wissenschaftlicher Ehrgeiz an oder in der Ehe zerbrochen oder zumindest stark geschwächt worden. Niemand hat sie gefördert, und man zuckt die Achseln, weil sie sich nicht behauptet haben, als sei geistige Kompetenz unvereinbar mit einem nur mittelmäßig ausgebildeten Rückgrat. Das alles gehört deshalb hierher, weil es so viele Frauen gegeben hat, die zur selben Zeit wie ich in diesem Fach angefangen haben, ihre Zeit verschwendeten und sich selbst und ihrem scheinbaren Mangel an Durchhaltevermögen die Schuld gaben. Ted fragte nicht, und so brach der Kontakt wieder ab.

Ich war als Germanistin in ganz Amerika tätig, doch letztlich bin ich am ehesten in Kalifornien verankert, wo ich den Großteil meines Lebens verbracht habe. Ich kam als Zwanzigjährige nach Berkeley, habe dort studiert, geheiratet, Kinder in die Welt gesetzt und halbwegs erzogen, wieder studiert, und schließlich war ich in Südkalifornien zweimal zu verschiedenen Zeiten Professorin. Zu Hause bin ich hier nicht, ebensowenig wie anderswo, aber hier zu leben hat etwas Selbstverständliches. Meine Mutter ist hier gestorben, ebenso meine Pflegeschwester Susi, die von meiner Mutter im Lager gerettet wurde. Auch Freunde, die ich erst während meines Aufenthalts hier gefunden habe, sind nicht mehr am Leben. Die Verluste häufen sich, die Welt wird frostiger.

Das Leben ist bequemer geworden. Meine Wohnung ist

schön, das Klima hervorragend (abgesehen von der ständigen Bedrohung durch Naturkatastrophen, aber die haben mich bis jetzt verschont), die Universitätsbibliothek ist ganz nahe und hat alles, was ich brauche, und Gesellschaft habe ich grad so viel, wie ich haben möchte. Man geht miteinander ins Kino oder essen, man zeigt einander, was man geschrieben hat. Nebenbei wird man leichter müde, öfter krank, schwerhörig, vergeßlich. Ohne Schrittmacher und künstliche Herzklappe könnte ich überhaupt nicht funktionieren, aber dank dieser Errungenschaften der Technik verläuft der Tag normal.

Je älter man wird, desto rascher vergeht die Zeit. Was, der Tod von Prinzessin Diana ist schon zehn Jahre her? Das kann doch gar nicht sein! Das Leben wird einförmiger, es ereignet sich weniger, sogar wenn man reichlich zu tun hat und sich gar nicht langweilt. Die Zeit fließt dahin, ohne daß etwas geschieht, du stehst vor der Mikrowelle und zählst die Sekunden, die davonticken, während du auf den aufgewärmten Tee wartest. Oder du steigst aus der Badewanne und hältst dich vorsorglich fest, bevor du das zweite Bein nachziehst, und bist froh, daß der Mensch nur zwei Beine hat zum Ausderwannesteigen und kein drittes heben muß. Eigentlich, überlegt man, ist es gut, daß das Baden, Duschen, Zähneputzen in absehbarer Zeit vorbei sein wird, denn aufregend ist es nicht, immer dasselbe, außer daß es anstrengender wird. Leider ist diese Überlegung zu unromantisch, um sie als Todessehnsucht zu bezeichnen.

Und doch passierte in den Jahren, in denen die Altersphase schon absehbar war, etwas, das meinem Leben einen anderen Rahmen verlieh und es faktisch mit einem Schlag umkrempelte.

Unvermutet öffnete sich die Türe nach Deutschland, der

Anlaß war eher geringfügig. Mit dem Wissenschaftskolleg hatte es nicht geklappt, aber ein paar Jahre später erhielt ich die Einladung, einen Plenarvortrag bei der Internationalen Vereinigung für Germanistik zu halten, der in Göttingen stattfinden sollte. Mein Vortrag handelte von jüdischen Gestalten in der deutschen Literatur des 19. Jahrhunderts. Die Absicht war, die Tradition des Antisemitismus aufzudecken, die auch bei den renommiertesten Dichtern zu finden war. Dieses Thema war damals noch nicht ausführlich behandelt worden, und mir war daran gelegen, es weder mir noch meinem Publikum leicht zu machen. Ich war ganz glücklich, vor so vielen und teils so bekannten Kollegen sprechen zu dürfen, sprach mit Eifer und Sicherheit, merkte zwar, daß meine Schlüsse und Folgerungen einigen nicht behagten, aber das trug nur zu meinem Eifer bei, auch als eine Minderheit am Ende ostentativ nicht applaudierte. Ich war zufrieden, und meine Freunde gratulierten mir.

Da tauchte unvermutet ein längst vergessenes Gespenst aus meiner Vergangenheit auf, nämlich jener Sprachwissenschaftler aus Berkeley, der mir einst das Leben schwer gemacht hatte mit Forderungen, die ich nicht verstand, weil ich ja meinte, alles richtig zu machen. Damals hatte ich gezittert, ich würde die Universität seinethalber verlassen müssen, schaffte es dann aber doch, weil ich das Mittelhochdeutsche gut beherrschte. Nun stand er da und redete mit huldvoller Herablassung auf mich ein. Warum ich denn so nervös gewesen sei, als ich meinen Vortrag las? Ich fand es müßig, ihm zu versichern, daß ich niemals weniger nervös gewesen sei, daß ich den Vortrag, während ich ihn hielt, als einen Höhepunkt meiner Karriere betrachtete und keinerlei Schwierigkeiten hatte, meine eigenen Sätze abzulesen. Es ging ihm gar nicht um meinen gegenwärtigen Zustand. Der leise Hohn in seiner Stimme und die Tatsache, daß er überhaupt nicht auf den Inhalt meines Referats einging, erinnerte mich daran, daß er vor Jahren meinen jetzigen Status beinahe verhindert hätte. Damals hatte mir Ted sogar geraten, ich solle woanders weiterstudieren, denn wenn ein wichtiger Professor einen Studenten nicht mag, so hat man es schwer. Ein solcher Wechsel kam für mich wegen der Kinder und der unsicheren Aussichten nicht in Frage. Entweder schaffte ich es und setzte mich durch oder ich mußte zurück zur Bibliotheksarbeit. Jetzt wollte dieser Knülch aufs neue versuchen, mich in Verlegenheit zu bringen. Wie gut, daß ich alt geworden bin und er mir egal sein kann.

Damals begann meine langjährige Beziehung zu Göttingen, der niedersächsischen Universitätsstadt, die Goethes Vater als zu liberal für seinen Sohn betrachtete, den er dann lieber nach Leipzig schickte; Göttingen, die Stadt, die in die Literatur einging durch ihre geniale Verunglimpfung in Heines »Harzreise«, eine Stadt, die als Regenloch gilt, sogar in einer Gegend, die vom Wetter nicht begünstigt ist, und sich damals von ihrer besten Seite zeigte, als läge sie am Mittelmeer und sei ein Kurort. Ich war wie gebannt von diesem Ort. Nach Göttingen wollte ich auch nach dieser Tagung zurückkommen und dort meine deutsche Vergangenheit, so gut es ging, entwirren. Die Stadt wurde mein Torweg zum Land. In meiner Dankesrede für die Verleihung des Göttinger Ehrendoktorats habe ich versucht die Atmosphäre jener Tagung wieder aufzurufen.

»Ehrungen, wie Liebesbezeugungen, sind immer unverdient. Man kann sie nicht einfordern, man würde sich lächerlich machen, wollte man vom Mitmenschen verlangen: Um folgender Verdienste willen sollst du mich ehren beziehungsweise lieben. Zuneigung und Achtung sind freie Geschenke, ihr Ursprung liegt in der Großzügigkeit der Schenkenden; und der oder die Beschenkte kann nur ihrer Einsicht in dieses Verhältnis durch ein Dankeswort Ausdruck geben.

Von Professor Wilfried Barner habe ich erfahren, daß man in der Antike die rhetorische Kunst der Laudatio auch auf Städte, nicht nur auf Personen angewendet hat. In solcher laudatorischer Absicht möchte ich die Geschichte meiner Beziehung zu Ihrer Stadt skizzieren, eine Stadt, die im Laufe der Jahre auch meine geworden ist, und eine Beziehung, die man, vielleicht *cum grano salis*, aber doch ganz ernsthaft, eine späte Liebe nennen kann. Ich kam zuerst im Jahre 1985 nach Göttingen, zur Tagung der Internationalen Vereinigung der Germanisten. Dieser Verein war nach dem Zweiten Weltkrieg gegründet worden und hatte sich jahrzehntelang wie die Katze um den heißen Brei um Deutschland herumgeschlichen und in anderen Ländern seine Zelte aufgeschlagen. (Das muß man sich auf der Zunge zergehen lassen: vereinte Germanisten, die Deutschland boykottieren.) Aber 1985 war die Quarantäne vorbei und die IVG kam nach Göttingen. Das wurde ein großes Volksfest unter der Leitung von Albrecht Schöne, in dem die ganze Stadt sich aufmachte, um die Menschen zu begrüßen, die in aller Herren Länder ihr Brot mit der Vermittlung der deutschen Sprache und Literatur verdienen. Der Himmel war blau, die Sonne schien durchgehend, so daß ich den Eindruck gewann, Göttingen sei ein erlesener Urlaubsort. Wir, die Teilnehmer, wurden immer heiterer, entspannter und gescheiter, wir zertrampelten zwar die Schillerwiese, ließen aber von unserer üblichen Fachsimpelei ab, und an allen Ecken führten die Leute vernünftige Gespräche. Ich habe damals eine Reihe von Bekanntschaften gemacht, die den Jahren standgehalten haben.

Als die paar Tage um waren, war ich sicher, daß ich in dieses zauberhafte Göttingen zurückkehren wollte. Zwei Jahre später bot sich die Möglichkeit, das Kalifornische Studienzentrum zu leiten. Da war ich vom ersten Tag an nicht mehr Touristin oder Besucherin, ich mußte mich einrichten, ordentlich deutsch reden, ich hatte Arbeit und Verpflichtungen, nebenbei fiel mir auf, daß es sogar in Göttingen manchmal regnet, die Leute mürrisch sein können und der Alltag nicht aus Baumkuchenessen bei Cron und Lanz besteht. Durch die Beziehung zur Universität lebte ich zum ersten Mal unter Deutschen, vor allem auch jungen Deutschen, darunter mein späterer Verleger, der damals noch sein Studium mit hochkarätigen Kneipenführern finanzierte, nachdem er Desktop Publishing entdeckt hatte. In Göttingen bin ich krank gewesen und gesund geworden, und als ich im Klinikum lag, brachten mir die Göttinger Freunde einen unvergeßlichen Besuch, nämlich die quirlige alte Käte Hamburger, die vielen Geisteswissenschaftlerinnen beim Studium ein Vorbild, ein *role model* gewesen ist und nach der heute die Straße heißt, die am Deutschen Seminar vorbeiführt. Sie war die erste Germanistin, der in Göttingen eine Ehrendoktorat verliehen wurde, wenn auch von der Theologischen Fakultät. Ich bin sehr stolz auf diese Vorgängerin, man kann sich keine bessere wünschen.

In Göttingen wurde die verschüttete Europäerin in mir wieder lebendig, die sich in meiner Geburtsstadt Wien hinter der Amerikanerin, die ich geworden war, versteckt. In Göttingen fiel mir auf, daß ich den falschen Namen hatte, den Namen einer in der Jugend geschlossenen und längst aufgelösten Ehe. Und so fand ich, beim Schreiben meiner Erinnerungen, zu meinem alten Familiennamen zurück. Als mein Turnus von zwei Jahren als Studiendirektorin um war, stand wieder einmal meine Rückkehr fest. Ich hatte mein Göttinger Buch fast fertig geschrieben und dabei gelernt, wie man auf deutsch schreibt, und würde meinen europäischen Standort nicht wieder aufgeben. Du fährst schon wieder nach Göttingen? fragen mich die Leute. Warum ausgerechnet Göttingen? Dann antworte ich, weil's an der ICE-Linie liegt und freue mich klammheimlich, weil der andere nicht wissen kann, daß das ein abgedroschener Göttinger Spruch ist, etwas, was die Göttinger sagen, wenn sie ihre Stadt ein wenig herabsetzen wollen. Ich habe wie die Einheimischen über den Göttinger Bahnhof geschimpft und den Bau der neuen Bibliothek bewundert, und ich kann ausländischen Gästen die Kirchen und Schuhgeschäfte zeigen. – Und das Wetter? Das Wetter ist halt so. Wir können nicht jedes Jahr die IVG hier haben und die Schillerwiese bei Sonnen- und Mondschein zertrampeln. Zugegeben, Göttingen ist Provinz. Aber wenn ich im Sommer in Göttingen spazierengehe, dann sehe ich durch die offenen Fenster überall volle Bücherregale. Eine sehr gebildete, lesefreudige Provinz. Göttingen hat mir die Gelegenheit gegeben, in Europa wieder, oder vielmehr zum ersten Mal Fuß zu fassen, denn bevor ich als Sechzehnjährige auswanderte, habe ich nicht dazugehört, weder in den Jahren der Verfolgung – das versteht sich – noch in den Nachkriegsjahren als DP, *displaced person*. Erst in Amerika erfuhr ich die Sicherheit, die von einem festen, selbst gewählten Wohnort ausgeht, den dir niemand streitig macht. Neu hinzugekommen ist eine Legitimierung der Erinnerung im Austausch mit später Geborenen in einer alten Welt, die halb auch meine ist. Das verdanke ich Göttingen.

Inzwischen bin ich zweiundsiebzig geworden, die Zeit der langfristigen Pläne ist vorbei, das Zeitalter der Verluste angebrochen, man lebt, auch geistig, von Erspartem. Unter den Gedichten von Gertrud Kolmar, die in einer dreibändigen Ausgabe beim Göttinger Wallstein Verlag erschienen sind, gibt es eines mit dem Titel ›Die Fahrende‹. Das handelt von einer Vagabundin, die in der ganzen Welt herumkommt und endet so:

›Irgendwann wird es Zeit, still am Weiser zu stehen,
Schmalen Vorrat zu sichten, zögernd heimzugehen,
Nichts als Sand in den Schuhen Kommender zu sein.‹

Zu meinem ›schmalen gesichteten Vorrat‹ gehört auch das Gefühl der Zugehörigkeit zu dieser Stadt, das Sie mit der großen Ehrung des heutigen Abends bestätigt und auf eine höhere Stufe gehoben haben. Dafür meinen Dank.«

So wurde Göttingen die Übergangsstadt meiner Rückkehr in die Alte Welt.

DREI

Alte Welt

Ich mit der deutschen Sprache
dieser Wolke um mich
die ich halte als Haus

INGEBORG BACHMANN, »Exil«

I. SPÄTER RUHM

Manchmal öffnet sich die Tür zu einem Raum, in den du jahrelang hineinwolltest, aber er war verschlossen, und die Suche nach einem Schlüssel war ergebnislos. Ich hätte liebend gern Zugang zum intellektuellen, zum literarischen Deutschland gewonnen, sei es durch ein Fellowship, durch eine Austauschprofessur, durch irgendwas. Nichts da. Es war schwer, den Anschluß zu finden, obwohl ich Germanistikprofessorin war. Die Professoren luden einander wechselseitig ein, tun es noch immer, geben ganz offen zu, daß eine Hand die andere wäscht (»Ich war bei ihm zu Gast, jetzt kann ich ihn an meine Uni einladen«, sagen sie, prahlen sie sogar, befriedigt, als sei's eine Privatangelegenheit und nicht ein Akt öffentlicher Verantwortung). Das läßt dann diejenigen aus, die weniger Einfluß haben oder von denen man meint, sie hätten keinen. Auch von deutschen Besuchern in Amerika wurden Frauen einfach ignoriert, manchmal auf geradezu pöbelhafte Weise.

Zum Beispiel habe ich in Irvine einmal einen deutschen Anglisten zu mir nach Hause eingeladen, um ihn mit einem englischen Germanisten zusammenzubringen. Die Haustür stand offen, der Gast kam herein, nahm sich nicht die Mühe, mich, die Gastgeberin, zu begrüßen, sondern ging an mir vorbei und direkt auf den Ehrengast zu. Ich war verblüfft, wußte nicht, wie man auf eine solche Unhöflichkeit reagiert, wußte vor allem nicht, wie beabsichtigt sie war. Und immer wieder die Frage, warum? Weil man mit Frauen und Juden so umspringen kann? Die Frau als Opfer, der Jude als Frau. Das wird manchen sicher zu tiefenpsychologisch klingen, aber mir fällt nichts anderes ein, das plausibler wäre. Ich werde oft gerügt, weil ich über Diskriminierung gegen Juden und gegen Frauen in einem Atemzug rede, aber so hab ich's erlebt. Mein Gast war sicher in seiner Jugend ein Nazi gewesen und Verachtung für Juden könnte, wenn auch unterschwellig, mit im Spiel sein. Ein anderes Mal machte ich ihn darauf aufmerksam, daß bei der Neuausgabe einer berühmten Dichterin fast keine Frauen mitwirkten. Seine Antwort war: »Ach, das ist doch nicht eine Arbeit, die Sie sich aufladen wollen.« Das heißt, er unterstellte mir den Versuch eines eigennützigen Fischzugs, während ich auf die Vereinnahmung weiblicher Leistungen durch männliche Bearbeiter aufmerksam machen wollte.

Plötzlich stand die Tür (oder Tür im eigenen Haus?) nach Deutschland sperrangelweit offen. Ich hatte ein, wie mir schien, bescheidenes Buch über meine Kindheit und die frühen Jugendjahre geschrieben; es war von Suhrkamp abgelehnt worden, daraufhin hatte ich das Manuskript einem neugegründeten Verlag in Göttingen gegeben, der es mit einer Unmenge von Druckfehlern (obwohl ich meinte, sie alle getilgt zu haben) an die Öffentlichkeit brachte, und plötzlich, im Jahr 1993, saß ich mit offenem Mund vor dem Fernseher und lauschte dem »Literarischen Quartett«, wie es mein Buch »weiter leben. Eine Jugend« mit Lob überschüttete. – Ich war einundsechzig Jahre alt.

Ich hatte dieses Buch während meines zweijährigen Aufenthalts als Studiendirektorin des Austauschprogramms der University of California in Göttingen geschrieben und hatte mir keinen großartigen Erfolg davon versprochen; nur gerade genug, um es an Freunde zu verschenken und um mir etwas von der Seele zu schreiben. Teile davon hatte ich schon im Manuskript herumgezeigt, mein Deutsch abgestaubt und mich über die Feinheiten der deutschen Interpunktion belehren lassen, die ganz anders ist als im Englischen. Die Leser hatten mich ermutigt, und ich war ziemlich sicher, etwas Druckreifes geschrieben zu haben, aber ganz sicher war ich erst, als Martin Walser den ersten Teil in die Hand bekam. Er war, dank der zufälligen Nachkriegsbekanntschaft, von der ich in »weiter leben« erzählt habe, der einzige echte Deutsche, mit dem ich befreundet war, den ich oft besuchte und von dem ich glaubte, ich würde ihn trotz einschneidender Meinungsverschiedenheiten bis zum Lebensende zum Freund haben. – Das war nicht der Fall. Darüber gleich mehr.

Ich hatte zuerst versucht, einem Ordinarius in Göttingen, an dessen Doktorandenkolloquium ich regelmäßig teilnahm, mein Manuskript aufzuhalsen, mit dem unausgesprochenen Hintergedanken, er werde es vielleicht seinem Verlag empfehlen. Er war wenig angetan von dieser Zumutung, lehnte zwar nicht direkt ab, erklärte sich sogar bereit dazu, bemerkte aber mehr wegwerfend als fragend, so etwas könne man ja wohl diagonal, also sehr schnell lesen. Selbstredend habe ich ihm meine wohlerwogene Prosa nach dieser Bemerkung nicht überlassen, war aber auch nicht zu gekränkt, denn er war ja tatsächlich ein vielbeschäftigter Wissenschaftler.

Daß ich es trotzdem bei meinem Freund Martin Walser versuchte, geschah sehr zögerlich. Ein produktiver Schriftsteller von seinem Rang hat ja vermutlich noch weniger Zeit als ein deutscher Ordinarius, dachte ich mir. Ich erinnere mich genau, daß ich ein paar Tage bei seiner Familie in Überlingen verbracht hatte und erst beim Einsteigen in den Zug im letzten Moment den Mut fand zu fragen: »Würdest du ein paar Kapitel von meiner Autobiographie lesen? Ich schreibe nämlich eine.« Er erklärte sich so spontan dazu bereit, als ob ich ihm einen Gefallen täte, nicht umgekehrt.

Kurze Zeit später erhielt ich einen Brief, der mir so wertvoll war und mich so freudig stimmte, daß ich ihn an einem sicheren Ort verstaute und ihn trotz oftmaligen Suchens erst neulich wiederfand, fast zwanzig Jahre später. Ob ich Martins Schreiben zufällig verlegt und wiedergefunden habe, kann ich nicht sagen, doch da Freuds Heimat auch meine Geburtsstadt ist, so glaube ich eigentlich nicht an solche Zufälle. Ich verlege leicht etwas, das mag Zufall sein, doch das plötzliche Erinnern, wo dieses mir wertvolle Papier die ganze Zeit gesteckt hat, gerade wenn ich es wirklich brauche, weil ich es der Gerechtigkeit willen zitieren möchte, um das Problem einer gescheiterten Beziehung aufzurollen, die über persönliche Kränkung und privaten Dank oder Undank hinausreicht, wird wohl aus tieferen Schichten gekommen sein als einem altersschwachen Gedächtnis. Martin schrieb also:

»Liebe Ruth,

liebeliebe Ruth,

ja, wie das sagen? kleiner schreiben, daß es nicht so bombastisch aussieht: was Du für eine Schriftstellerin bist. Und schon kling ich wie ein Onkel. Aber wie hast Du bloß diese innerste Wiener Sprache so (entschuldige) rein bewahrt. Es scheint schon überhaupt nichts verlorengegangen zu sein. Also so hart (= genau) und dabei so leicht (= schön) schreibt außer Dir niemand.« Und so ging es noch eine ganze Weile weiter. Am Ende stand: »Und denk an keinen kleinen Verlag.«

Man muß sich vorstellen, was mir das bedeutete, von einem der angesehensten Schriftsteller Deutschlands kommend. Ich war ganz benommen vor Freude und einem keimenden Selbstvertrauen. Also kann ich doch mit meiner Muttersprache mehr anfangen als »der, die, das« zu unterrichten und einen gelegentlichen Aufsatz über ein literarisches Problem zu schreiben. Ich dachte, für das, was er da für mich getan hat, kann ich ihm gar nicht genug dankbar sein und bleibe in seiner Schuld für dieses Lob. Irgendwann habe ich ihm das wohl auch gesagt. Und doch kam es anders.

Walser riet, das Manuskript zum Suhrkamp Verlag zu schicken, und versprach, es dort zu empfehlen. Auf eigene Faust hätte ich das nicht getan. Zum einen, weil ich mein Opus nicht für gut genug erachtete, um es dem renommiertesten Literaturverlag Deutschlands anzubieten. Und zum anderen, weil es eine Vorgeschichte mit dem Verleger, Siegfried Unseld, gab.

Es war noch zu meiner Studienzeit in Berkeley, da hatte Martin Walser die Idee, ich solle nach meiner Scheidung nach Deutschland »zurückkommen«, ein Vorschlag, der bei mir natürlich auf taube Ohren stieß. Er hatte keine Ahnung, wie amerikanisiert ich war, auch nicht, wie zwielichtig Deutschland für mich war und noch immer ist. Ich hatte mit dem Germanistikstudium begonnen, und über Martins Vermittlung bekam ich von Suhrkamp ein englisches Manuskript zur Beurteilung geschickt. Ein bescheidenes Honorar war vereinbart. Ich las es und verfaßte ein gewissenhaftes

Gutachten, doch das Honorar blieb aus. Ich fragte bei Professor Politzer, was man in einem solchen Fall tun soll, und er riet mir, ich solle statt des Honorars, das wahrscheinlich doch nicht kommen würde, die gesammelten Werke von Bert Brecht als Ersatz vorschlagen. Das tat ich auch, erhielt die Theaterstücke zugesandt, das war dann alles, weder Gedichte noch Prosa folgten. Es blieb ein schlechter Geschmack zurück, und die alten Vorurteile über deutsche Habsucht und Unehrlichkeit machten sich wieder breit. Für mich war Eigentum und der Anspruch auf solches von Kindheit an das gewesen, was einem von Deutschen genommen wird. Keine rationalen Überlegungen wischen die Nachwirkungen solcher Erfahrungen weg.

Ein anderes Mal hatte Martin vorgeschlagen, ich solle eines seiner Bücher ins Englische übersetzen. Ich lieferte eine Probe, die nach Frankfurt ging. Es war Sommer, ich war gerade in Wien und erhielt eine Einladung von Herrn Unseld, ihn zu besuchen. Also bestieg ich den Nachtzug nach Frankfurt statt den Flieger nach London. Ich erwartete eine positive Besprechung der Modalitäten einer solchen Übersetzung und war nicht ganz glücklich über meinen anscheinenden Erfolg, denn diese Aufgabe würde Zeit beanspruchen, die von meiner eigenen Forschung abgezwackt werden mußte, aber immerhin – es wäre eine interessante Abwechslung. Zu meinem Erstaunen hatte der Verleger nur im Sinn, mir im privaten Gespräch mein Englisch, von dem er wenig verstand, zu zerpflücken. Nein, er wollte diese Übersetzung nicht. Schön, dann kann ich ja jetzt gehen, sagte ich und stand auf. Ich erwähnte noch tröstend, daß ihm die Absage nicht peinlich sein müsse, daß ich eigentlich erleichtert sei, denn ich hätte diese Probeübersetzung als Gefälligkeit für einen Freund gemacht, meine Zeit sei besser angelegt mit meinen eigenen wissenschaftlichen Arbeiten. Doch so leicht kam ich nicht davon. Erst wollte er mir genauer hineinreiben, was ich alles falsch gemacht hatte. Das wurde langweilig, denn daß ich Englisch konnte, ließ ich mir von keinem Deutschen ausreden, und daß er es versuchen wollte, hielt ich für unverschämt. Dann rief er einen Mitarbeiter ins Zimmer, der mich zum Mittagessen ausführen sollte, und bot mir ein Buch oder mehrere Bücher meiner Wahl als Geschenk an. Ich, nein, ich fliege doch jetzt nach England und dann nach Hause nach Amerika, Bücher sind eine Schlepperei. Ich fragte mich allerdings, warum er mir die Abfuhr nicht brieflich mitgeteilt und mir die Reise erspart hatte. Nach London hätte ich auch von Wien aus fliegen können. Der Umweg über Frankfurt hatte Geld und Zeit gekostet. Die Antwort kann nur sein, dachte ich, daß er eine gewisse Genugtuung aus dieser Machtdemonstration und der Protzerei mit den Sprachkenntnissen zog. Er schien enttäuscht, weil ich seine Ablehnung auf die leichte Schulter nahm. Ich wollte das Gespräch beenden, er zog es hinaus. Er muß es genossen haben, den Leuten eins auszuwischen, ich war sicher nicht die einzige und erste.

Deshalb wäre ich nicht auf die Idee gekommen, mein Erinnerungsbuch an Suhrkamp zu schicken. Thedel von Wallmoden, der Verleger des kleinen Wallstein Verlags in Göttingen, hatte es gelesen, es gefiel ihm, er wollte es herausbringen, was mir recht war. Doch Martin Walsers Rat wollte ich nicht in den Wind schlagen. Es kam eine Absage von Suhrkamp, die unnötig schnoddrig und herablassend war. Als Herausgeberin des *German Quarterly* hatte ich selbst oft genug Autoren enttäuschen müssen, aber immer mit ein paar höflichen Worten; der Text paßte nicht in unser Programm, oder dergleichen. Man sagt nicht, wir veröffentlichen Literatur, und was Sie da schreiben, ist erschütternd, weil's Ihnen unter den Nazis so schlecht gegangen ist, aber es ist nicht literarisch genug für unsere Ansprüche. So stand's im Absagebrief, unterschrieben von Herrn Unseld höchstpersönlich.

Ich sah Siegfried Unseld noch einige Male bei verschiedenen Anlässen, und er grüßte mich nie, selbst im Hause Walser nicht. In Deutschland wird viel Wert auf Manieren gelegt, aber das bedeutet oft nicht mehr, als den Unterschied zwischen Kuchengabel und Fischmesser zu kennen (in Amerika kennt man keines dieser beiden Utensilien), es bedeutet nicht, Rücksicht zu nehmen, andere nicht zu verletzen, was doch eigentlich das Wesen der guten Manieren zu sein hat. Es schien beinahe, als hätte der Verleger es mir übelgenommen, daß ich ihn dazu verleitet hatte, mir einen Tritt in den Hintern zu versetzen und nachher unverschämterweise sowohl auf seiten der Kritik wie vom kommerziellen Standpunkt her Erfolg mit dem von ihm abgelehnten Buch zu haben.

Später versuchte ich noch einmal Suhrkamps Jüdischen Verlag für die hessischen Erzählungen von Salomon Hermann Mosenthal, einen vergessenen Schriftsteller des 19. Jahrhunderts, zu interessieren, den ich mit einem Nachwort neu herausgeben wollte. Ich dachte, Hessen und ein jüdischer Verlag in Frankfurt, das sollte passen. Diese Erzählungen sind für unseren Geschmack zu gefühlvoll, doch immer noch vergnüglich zu lesen, und sie sind von historischem Interesse für die Geschichte der deutschen Juden am Anfang der Emanzipation. Auch das war den Herrschaften zu unliterarisch, auch dieses Buch landete schließlich bei Wallstein.

Während einer Tagung kam der damalige Leiter des Jüdischen Verlags bei Suhrkamp auf mich zu und drückte mir als Geschenk einen schmalen Band in die Hand, von dem er mir versicherte, es sei das wahrste, beste, eigentliche Erlebnisbuch eines Kindes, das den Holocaust überlebt hatte. Auf mein Buch kam er nicht zu sprechen, doch der Vergleich lag in der Luft. Der Band, den er mir gegeben hatte, erregte großes Aufsehen, doch wie sich später herausstellte, waren diese »Bruchstücke« genannten Aufzeichnungen frei erfundene Horrorgeschichten eines Schweizer Autors, der nicht einmal Jude war und der die Lager nur von Nachkriegsbesuchen als Tourist kannte. Der Schwindel geriet zum veritablen Skandal in mehreren Ländern. Zu der Zeit hatte ich meine Ehrfurcht vor den sogenannten angesehenen deutschen Verlagen verloren, ähnlich wie vor den »Efeuliga«-Universitäten der Vereinigten Staaten.

»weiter leben« erschien im Sommer 1992 und war von Anfang an ein Erfolg. Bei der Frankfurter Buchmesse fand ich zu einer relativ frühen Morgenstunde zu meinem Erstaunen meinen jungen und sonst recht sparsamen und auch nüchternen Verleger grinsend und mit einer Sektflasche, um eine fulminant gute Besprechung in der *Frankfurter Allgemeinen* zu begießen. Die anderen Zeitungen, überregionale wie lokale, folgten, dann Einladungen zu Lesungen. Martin Walser, der mir zwar nicht zu einem Verlag hatte verhelfen können, empfahl und verschenkte das Buch an Kritiker, unter anderem an Sigrid Löffler, die es am Jahresende als Weihnachtsempfehlung kurz im »Literarischen Quartett« erwähnte. Weder mein Verlag noch ich hatten jedoch damit gerechnet, daß der eigentliche Höhepunkt noch bevorstand, mit der ausführlichen, uneingeschränkten Empfehlung im »Literarischen Quartett« im nächsten Jahr: Daraufhin war das Buch ständig ausverkauft, und zu Weihnachten 1993 waren nicht genug Exemplare in den Buchhandlungen zu haben. Ich hatte einen Bestseller geschrieben.

Damit begann eine neue Lebensphase, eine Altersphase sicherlich, doch auch ein Neuanfang. Plötzlich war ich gefragt, man schrieb mir Briefe, ich wurde eingeladen, ich konnte veröffentlichen, was ich wollte, was früher nicht so einfach gewesen war. Für meine akademische Karriere machte es keinen Unterschied mehr, dazu war ich zu alt geworden, eine Beförderung mit höherem Gehalt, wie sie bei amerikanischen Professuren, auch für Ordinarien, üblich ist, war nicht mehr drin. Ich war herzkrank, und ein amerikanischer Arzt sagte mir auf mein drängendes Fragen, ich hätte wahrscheinlich noch ungefähr drei Jahre zu leben. Ich war schon über die Sechzig hinaus, und ich bin in Ruhestand gegangen, um die drei Jahre auszukosten. Mittlerweile ist das schon lange her, und ich war seither an drei verschiedenen Universitäten als Gastprofessorin tätig; der Tod hat's nicht eilig. Ich bin öfter krank als früher, aber zwischendurch ist das Leben voller Abwechslung, auch wenn ich mit meinem Herzschrittmacher und der künstlichen Herzklappe von den Errungenschaften der modernen Medizin abhängig bin. Einen Gedanken kann ich nicht verscheuchen: wie wenig Chancen die alten Leute in den Lagern hatten zu überleben. Oft habe ich später damit geprahlt, ich sei eine, die die KZ nicht nur überlebt hat, sondern überleben kann. Heute weiß ich: Höchstens zwei Wochen würde ich's aushalten.

In dem Jahr nach der Veröffentlichung von »weiter leben« erwartete ich nicht mehr viel Lebenszeit und fand das Tun und Treiben ebenso anstrengend wie spannend. Angespornt durch die Aufmerksamkeit, die mir neu war, schrieb ich mehr als je zuvor, germanistische Arbeiten, Rezensionen, Vorträge, hie und da auch wieder Gedichte. Ich übersetzte meine englischen Aufsätze, gab mir Mühe mit Dankesreden für die Preise und Anerkennungen, die ich erhielt, und übersetzte schließlich »weiter leben« selbst ins Englische, mit so vielen Änderungen, daß fast ein neues Buch daraus wurde.

Ich beantwortete viele Briefe und bedankte mich für das Vertrauen der Absender, meistens Frauen, die mir erklärten, sie hätten durch mein Buch einen Zugang zu der Zeit ihrer Eltern gefunden. Viele versicherten mir, sie könnten sich mit mir aufgrund der schwierigen Mutterbeziehung identifizieren. Ich nahm das alles mit einer gewissen Verwunderung zur Kenntnis, doch es half mir zu verstehen, warum das Buch solche Resonanz fand. Über die Nazizeit und den Holocaust hatte ich ja nichts geschrieben, was nicht schon bekannt gewesen wäre. Neu waren höchstens das private Erlebnis, die Unterschiede und Gemeinsamkeiten mit anderen und meine Bemerkungen dazu, die unverbindlichen Einfälle, die mir das Leben gebracht hatte. Eigentlich war es ein essayistisches Buch, mehr Kommentar als Handlung. Martin Walser hatte dazu brieflich gesagt: »Bei Dir dominiert immer das, was dazugesagt werden muß; das, was Du zum Erinnerungsstoff zu sagen hast. Du wirst dabei vehement und unbequem. Und dafür beginnt der deutsche Leser Dich zu lieben. Sobald etwas genau genug ist, hört der Streit auf. Man nickt dann. Schweren Herzens.«

So genau und differenziert haben andere nicht unbedingt gelesen. Immer wieder war von Versöhnung die Rede, die ich den Lesern angeblich angeboten hätte. Das war falsch. Ich bin nicht befugt, den Mord an anderen Menschen zu verzeihen. Und doch ist mir Ähnliches auch bei der englischen Fassung von jüdisch-amerikanischer Seite vorgeworfen worden: Das Buch sei zu versöhnlich. Aus Frankreich, wo es gut aufgenommen wurde, kam kein Einwand dieser Art, und auch von Martin Walser, dem alten Kafka-Leser, nicht. Es gab auch Ressentiments. Das eine war ein männliches gegen den Feminismus von »weiter leben«. Die offensichtliche Feststellung, daß die Mehrzahl meiner Leser Leserinnen sein würden, empörte manchen Mann, und ich bekam Briefe, die begannen mit: »Ein Mann schreibt Ihnen« – als hätte ich den Männern verboten, das Buch zu lesen. Viele nahmen Anstoß daran, daß ich den Faschismus und den Nazismus als eine männliche Befindlichkeit betrachte, eine verbrecherische Bestätigung des männlichen Selbstbewußtseins, bei der die Frauen nie mehr als Mitläuferinnen sind und sein können. Mir schien das eine Binsenweisheit, aber sie stieß auf Widerstand. Dann gab's auch solche, die Juden nicht als Opfer eines großen Verbrechens sehen wollten, und manche dieser Briefe oder Diskussionsbeiträge bei Lesungen hatten's in sich. Irgendwie hatte ich zum Beispiel Mitschuld am Libanonkrieg. Die Massaker in den Flüchtlingslagern Sabra und Shatila wurden mir sozusagen persönlich vorgeworfen. Im Sinne von: Die Juden sind ja nicht besser als die Nazis, was beklagst du dich. Diesen Brief habe ich mit dem Hinweis beantwortet, daß die Schuldigen an dem infamen Massaker Christen waren, libanesische Christen, demnach, sagte ich dem Briefschreiber, seien sie seines-, nicht meinesgleichen, wenn wir schon die Religionen gegeneinander aufrechnen wollen. Den Juden, oder vielmehr den Israelis, könne man in diesem Fall höchstens vorwerfen, daß sie nicht eingegriffen und das Massaker zugelassen haben. In anderen Kreisen hielt ich letzteres mindestens für sehr wahrscheinlich, wenn nicht für bewiesen, aber für diesen Provokateur hatte ich keine Lust, auf meine amerikanische Staatsbürgerschaft zu pochen, wenn ich mich auch sonst dagegen verwahre, alle Juden der Welt in einen Topf zu werfen.

Neben den Annehmlichkeiten, die die Popularität mit sich bringt, handelt man sich auch viel Neid ein. Naja, möchte ich sagen, sollen sie mich doch beneiden, ist ja auch Grund dazu da. Aber man verliert tatsächlich Freunde durch Neid. Richtige, echte Freunde doch nicht, werdet ihr sagen. Und ich antworte, doch, auch die. Es gibt immer welche, die weniger erreicht haben als erhofft und sie sehen dich und finden es ungerecht, daß du's so weit gebracht hast, daß sich dir die Welt gewissermaßen geöffnet hat, während sie sich ihnen im Alter mehr und mehr verschloß. Ich will aber meine alten Freunde nicht verlieren, ich telefoniere, bekomme Vorwürfe zu hören, auf die ich nicht gefaßt bin, dann kommen private Einladungen, aber wenn ich den Einladungen folge, sind leicht aggressive Töne nicht zu überhören. Ich nehme mir vor, den Kontakt wenn nicht abzubrechen, so doch zu reduzieren, dann will ich doch wieder die alten Verhältnisse herstellen und versuche es noch einmal. Erwähne ich dann etwas, worüber ich besser hätte schweigen sollen, eine Ehrung, die mir zuteil wurde, oder ein Lob für meine Arbeit, das mich gefreut hat, komme ich mir sofort vor wie ein Angeber, denn der oder die andere fühlt sich herabgesetzt.

Es ist wie mit dem Einkommen: Mit Leuten, die entweder das Doppelte oder die Hälfte von dem verdienen, was du hast, ist nicht leicht umzugehen – außer wenn sie viel jünger sind –, denn die haben meistens einen anderen Lebensstil. Ähnlich verhält es sich mit dem Ruhm. Wem eine breite Öffentlichkeit zur Verfügung steht, der ist gesellschaftlich in einer anderen Lage als die, die nur auf ihr Privatleben angewiesen sind. Ist man Mitglied einer Akademie und hat etwas Interessantes von einer Tagung zu erzählen, verfällt man leicht ins *name dropping*, und das nimmt man einem übel. Der Zugang zum öffentlichen Leben bringt eine Beschränkung der Privatsphäre mit sich. Ich möchte beides haben, aber es gelingt nicht immer. Die Leute, mit denen ich heute in Deutschland und Österreich verkehre, habe ich früher nicht gekannt, es ist meine Alterswelt, nicht eine, in die ich hineingewachsen bin.

Die Freundschaft, deren Ende mir am schwersten im Magen liegt, ist die mit Martin Walser. Ich habe über diese immer etwas heikle Beziehung in »weiter leben« ausführlich geschrieben; dort taucht Martin unter dem Namen Christoph auf. Er hat sich sofort zu dieser Figur bekannt.

Hier habe ich seine Unterstützung deshalb so ausführlich dargestellt und seine Worte über meine Arbeit zitiert, um das Dilemma ins Licht zu rücken. Denn gerade als ich meinte, Deutschland näher gekommen zu sein und ein neues Verhältnis zu dem Land zu haben, das doch unauslöschliche Spuren bei mir hinterlassen hat, da ging die älteste Beziehung, die ich dort hatte, den Bach hinunter, und zwar rettungslos und auf immer. Walser stand oft im Kreuzfeuer, und ich habe oft auf der anderen Seite gestanden, nur waren meine Ansichten damals unwichtig und privat. Es gab den Historikerstreit, eine Kontroverse mit Jurek Becker, später die berühmt-berüchtigte Friedenspreisrede in der Paulskirche und etliches mehr. Nachdem ich selber bekannt geworden war, wurde ich öfters um meine Meinung gefragt – und hielt den Mund. Er war, dachte ich, in innerdeutsche Streitereien verwickelt, die mich nichts angingen, wenn ich mir auch Gedanken darüber machte, die für ihn nicht schmeichelhaft waren. Aber dann kam ein Buch aus seiner Feder (wörtlich: er schreibt ja nach wie vor sehr schön und altmodisch mit der Hand), das mich entsetzte. Und es ging um mein Thema: Ich hatte mehrmals über jüdische Gestalten in der deutschen Literatur vorgetragen und veröffentlicht, ich verstand etwas davon. Zuvor dachte ich immer: Der Martin ist halt ein Verdrängungskünstler, einer, der nicht zuhört, wenn man ihm widerspricht, sondern nur, wenn man etwas sagt, das er verarbeiten kann. Aber auch das stimmt nicht ganz, und deshalb habe ich ihn der Fairness halber in extenso zitiert. Das Buch, zu dem ich dann öffentlich Stellung nahm – wie ich meinte, nehmen mußte –, war der Roman »Tod eines Kritikers«. Ich schrieb für die *Frankfurter Rundschau* eine Rezension in Form eines offenen Briefes, weiß noch, wie ich zumindest eine halbe Stunde lang die Mailadresse mit zittrigen Fingern falsch in den Computer tippte, sogar bei der Zeitung anrief und eine neue Adresse verlangte, und jeden Augenblick genau wußte, ich werde nie wieder an einem Tisch mit meinem alten Freund Martin und seiner Frau Käthe sitzen. Denn sogar wenn er mir diese Rezension verzeiht, was nicht anzunehmen ist, so verzeihe ich ihm dieses Buch nie. Und gleichzeitig denke ich daran, wie Martin einmal in Philadelphia war, als ich dort gerade in der Klinik lag, wegen einer Herzinfektion von Princeton dorthin verfrachtet; als er das hörte, ließ er seine anderen Verpflichtungen sausen und kam mich besuchen. Und ich erinnere mich, was für eine Freude ich über diesen Besuch empfand, einschließlich seiner geringschätzigen Bemerkungen über die Ausstattung des Spitalzimmers, als hätte ich unbedingt was Besseres verdient. Das alles ist aus. Ging unterwegs verloren.

Schließlich erbarmte sich das Internet meiner Mail, und mein Brief ging an die Redaktion der *Frankfurter Rundschau.*

Siehe doch Deutschland

Lieber Martin,
wäre »Der Tod eines Kritikers« doch nur ein mißlungener Roman! Das könntest Du Dir schon leisten, nach all den vielgelesenen und gefeierten Werken, die Du geschrieben hast, und es würde Deinen Ruf kaum beeinträchtigen. Doch das Gift, das Dir hier aus der Feder floß, ist Dir nicht einfach zu einem schlechten, es ist eher zu einem üblen Buch geronnen.

Wenn ich es richtig lese, so geht es Dir zwar vordergründig um eine Abrechnung mit Korruption und Unterhaltungssucht im deutschen Literaturbetrieb. Aber das ist nicht alles, das wäre zu kurz gegriffen. Das übergreifende Thema – Du sagst es mehrmals – ist Macht und Niederlage, es geht um Sieger und Besiegte. »Besiegt, das heißt, davon erholst du dich nicht mehr. Der Besiegte schämt sich ... Du kannst andere beschuldigen, aber du weißt: Du allein bist die Ursache deiner Niederlage. Siehe doch Deutschland. Abgesehen davon, daß es eben überhaupt keine Rolle spielt, warum du besiegt bist.« Also nicht nur von Schriftstellern und Kritikern schreibst Du, sondern stellvertretend ist auch das Vaterland, das einstens besiegte, das sich noch immer schämt, miteinbezogen, mitgedacht. Du hast, nicht zum ersten Mal, ein Deutschlandbuch geschrieben. Und da soll es keine Rolle spielen, wenn ein ausländischer oder zurückgekehrter, auf jeden Fall vom Ungeist beseelter Kritiker ein Jude ist?

Als eine Jüdin, die sich beruflich mit deutscher Literatur befaßt und sich mit Dir und Deiner Familie befreundet glaubt, fühle ich mich auch von Deiner Darstellung eines Kritikers als jüdisches Scheusal betroffen, gekränkt, beleidigt. Du würdest sicherlich antworten: Aber Du bist doch nicht gemeint, ich hab doch nichts gegen Juden, nur gegen diesen einen, illegitime Macht Ausübenden, der zufällig Jude ist. Doch der Zufall hat zwar einen Platz in der Wirklichkeit, aber nicht in der Literatur. Sonst bräuchten wir die Literatur gar nicht.

Natürlich muß sich der Verfasser eines Romans, auch eines realistischen, gewiß eines satirischen, nicht an die wirkliche Vorlage halten, oder doch nur so, daß die Zielscheibe der Satire erkennbar bleibt. Eine Karikatur ist keine Fotografie, das Opfer wird sich umsonst beschweren, daß es in Wahrheit eine kürzere Nase und eine höhere Stirne hat. Der Satiriker wählt, was ihm bedeutend erscheint. Verantwortlich ist er dann allerdings für die Bedeutung. Und wenn er einen widerlichen Kritiker als Juden zeichnet, dann darf man wohl fragen, ob er damit so etwas wie die zerstörende Macht der Juden im deutschen zeitgenössischen Geistesleben meint.

Die schnelle abwehrende Antwort wäre: Keineswegs, Martin Walsers Ehrl-König ist deshalb Jude, weil Marcel Reich-Ranicki nun einmal Jude ist. Doch Realismus in der Literatur ist eben nicht Abklatsch der Wirklichkeit, sondern ihre Interpretation. Der Roman »Effi Briest« wird nicht unrealistischer dadurch, daß Fontanes Vorbild nicht aus Kummer starb und viel älter geworden ist als die Romanheldin. Verantwortlich ist Fontane nicht für das Frauenleben, das ihn inspiriert hat, wohl aber für die Aussage seines Werks über die gesellschaftlichen Zwänge seiner Zeit.

Aber, sagen Du und Deine Verteidiger, es ist doch nur eine Komödie, nur eine Farce, warum nehmt ihr diesen kleinen Roman so ernst? Als ob Komödien und schlechte Witze nicht seit eh und je besonders beliebte Vehikel der Verhöhnung gewesen wären! Aber es wird ja niemand ermordet, sagst Du, der Kritiker kehrt heil von seinem Abenteuer mit der blonden deutschen Adligen zurück, deren Nase er vorher, geil wie er ist, vor allen Leuten obszön zerknautscht hat, und wird am Ende noch selbst in England in den Adelsstand erhoben (denn er hat ja so viele Staatsbürgerschaften). Der Judenmord, wie er in Deinem Buch steht, sagst Du, war immer nur eine Phantasie in den Köpfen Deiner fiktiven Schriftsteller (selbstredend Nichtjuden), die der jüdische Kritiker geschädigt hatte. Ich bitte euch, scheint der Text zu sagen, wir sind doch kein Mordgesindel. Lieber Martin, vor dem Hintergrund der deutschen Geschichte – die sich nun einmal nicht ausklammern läßt – ist die komische Wiederkehr des nur scheinbar ermordeten Juden noch schlimmer, als ein handfester Krimi mit Leiche gewesen wäre.

Apropos Krimi. Vor fünfzehn Jahren hast Du (zusammen mit Asta Scheib) das Drehbuch zu einem Fernseh-Tatort, betitelt »Armer Nanosh«, geschrieben, das bei Fischer auch als Taschenbuch erschien. Der spielte im »Zigeunermilieu«, handelte also weitgehend von Roma und Sinti. Diese hattest Du derart stereotyp dargestellt, daß der Zentralrat der Roma und Sinti sich beschwerte; doch weder Du noch der NDR hörten den Betroffenen zu. Du drehtest damals sogar den Spieß um und meintest, jetzt werde »Jagd auf Schriftsteller« gemacht. Die Einwände der Betroffenen, die doch eigentlich besser wissen mußten als Du, ob sie sich verletzt fühlten und wo es weh tat, stießen auf kein Verständnis bei Dir. Du behauptetest starrköpfig, solange der Täter in Deiner Geschichte kein Roma sei, sei die Darstellung nicht diskriminierend. So auch jetzt: Der Jude wird nicht ermordet, ergo ... Dabei ist gar keine Kombination von Figur und Handlung tabu. Zum Beispiel, in Günter Grass' letztem Roman, »Im Krebsgang«, begeht ein Jude einen Mord. Grass' Darstellung ist weder anti- noch philosemitisch, sie ist vorurteilsfrei und daher nicht zu beanstanden.

Aber der Antisemitismus kommt ja in Deinem Buch gar nicht vor, sagst Du. Eben. Er sollte nämlich vorkommen. Hättest Du ihn thematisiert, so würde man ihn Dir nicht zum Vorwurf machen können. Im »Tod eines Kritikers« verdirbt der Jude (oder der Halbjude oder der vermeintliche Jude, auf jeden Fall der mit dem Etikett »Jude«) den Schriftstellern die Preise und dem Publikum den Geschmack, aber, Gott behüte, keiner würde das »den Juden« ankreiden. Indessen wird es sich ja herumgesprochen haben, und nicht nur unter Juden und Sozialwissenschaftlern, daß die Abneigung gegen Juden als Gruppe in Deutschland hie und da vorkommt. Dafür bist Du nicht verantwortlich, auch wenn Dein umstrittenes Buch in die Möllemann-Debatte hineinplatzt und daher zu einer denkbar unguten Zeit herauskommt. Aber eine private Angelegenheit ist so ein Buch eben auch nicht. Ein Deutschlandbild mit bösartigen Juden oder meinetwegen dem bösen Juden, aber ohne Judenfeindlichkeit, ist, schlicht ausgedrückt, verlogen. Verlogene Darstellung der

Wirklichkeit in der Fiktion wird gemeinhin als Kitsch bezeichnet. Wenn sie in den ausgewogenen Sätzen mit dem unverkennbaren Rhythmus eines echten Schriftstellers daherkommt, dann nennt man sie Edelkitsch, auch das ein gutes deutsches Wort.

Wie sollen wir das komplizierte Gefühlsbündel lesen, das Dein Protagonist, der Schriftsteller Hans Lach alias Mystikforscher Landolf, für seinen Peiniger hegt, und das ja auch bejahende Regungen, wie ein Bedürfnis nach dessen Anerkennung, nicht ausschließt? Gerade in seiner Unterschwelligkeit folgt Deine Darstellung einem geradezu klassischen Muster der Diskriminierung. Der Mann, dem unsere Sympathie gehört, nähert sich blauäugig (im metaphorischen wie im rassistischen Sinne) und zutraulich, wie er nun einmal von Natur aus ist, dem Andersartigen und wird von diesem betrogen, enttäuscht, zurückgestoßen. Landolf versenkt sich in den Konstanzer Mystiker Seuse, sein Alter ego Hans Lach schweigt sich aus. Ichverleugnung, Stille, Nachdenken, Kontemplation, Askese, Gelassenheit – das ist der Gegenpol zu dem Schwätzer und geistigen Giftmischer Ehrl-König. Gebirge und Einsamkeit mit ehrlichen Gefühlen und Gedanken einerseits, der Gerüchtekessel der Großstadt andererseits, wo der Fremde, der Jude mit seinen Mitläufern herrscht und wo mißgünstig und sinnentleert dahergeredet wird.

Der deutsche Prototyp für diese Konstellation ist in Wilhelm Raabes »Der Hungerpastor« von 1864 zu finden, ein Roman, der auch von zwei Intellektuellen handelt, der eine gottergeben und wahrheitssuchend, der andere, der Jude, nur geschickt, gescheit und auf seinen Vorteil bedacht. Der Gute läßt sich von dem Schlechten arglos ausnützen und merkt erst spät, mit wem er es zu tun hat. Letzterer widmet sich schließlich unsauberen Spionagegeschäften in Paris, während der Christ ein arbeitsamer und liebevoller Pastor in einem armen, doch naturverbundenen Provinznest wird. Der Roman, der abwechselnd von Bosheiten und Sentimentalitäten strotzt, wurde enorm populär und hat seinem Autor eine Stange Geld eingebracht. Raabe, der ja, wie Du, ein bedeutender Autor war und sich nicht für einen Antisemiten hielt (so wenig wie sein Vorgänger Gustav Freytag), bedauerte zwar, was er angerichtet hatte, erfand später auch noch zur Wiedergutmachung ein paar dürftige positive jüdische Frauengestalten, aber der Text vom »Hungerpastor« blieb, was er war, und hat viel Schaden in den Köpfen seiner Leser angerichtet. Will sagen: Die Selbsteinschätzung der Dichter und deren unerforschliche Seelen stehen auf einem anderen Blatt. Wir reden hier von analysierbaren Texten.

Lieber Martin, seit wir uns vor 55 Jahren kennenlernten, ist viel Wasser in den Bodensee geflossen, und nicht nur heilig-nüchternes, für Hölderlins Schwäne zum Tunken geeignetes. Damals war die große Mordwelle gerade vorbei, und Deutschland stand am Anfang der großen Gleichgültigkeitswelle. Darauf folgte die Welle des triefenden Philosemitismus. Jetzt sieht es hierzulande nach einem Rückfall aus in das, was wir Juden in der Nazizeit ironisch-wehmütig »den guten alten Risches von 1910« nannten, nämlich die gemäßigte Judenverachtung weiter Bevölkerungsschichten aller Klassen, mit der sich (scheinbar) leben ließ. In Deiner Friedenspreisrede hast Du über eine Moralkeule gejammert, mit der Ungenannte Dich und andere Deutsche bedrohten. Jetzt spielst Du »Sieger und Besiegte«, und dabei ist Dir selber unversehens die von Dir heraufbeschworene Keule in die Hände gerutscht, aber wo, bitte, steckt denn hier die Moral?

In alter Freundschaft, Ruth

Natürlich hält mich Martin für undankbar. Das bin ich auch. Aber es gibt zwingendere Verpflichtungen als die Dankbarkeit für persönliche Gefälligkeiten. Es ist leichter, sich vorzumachen, daß ich mich mit meiner Meinung über sein Buch bei dem verunglimpften Kritiker einschleimen wollte, als einzusehen, wie sehr die Bosheiten darin einer Jüdin in die Knochen fahren. Denn das Judesein ist kein Klub, aus dem man austreten kann.

Und so ist Martin Walser und diese vergangene Freundschaft noch immer Inbegriff meines Deutschlandbildes. Die Widersprüche, die ich hier skizziert habe, lassen sich nicht auflösen. Jedenfalls nicht von mir, man versteht sie kaum und lebt damit.

2. GÖTTINGER NEUROSEN

Es hört sich gut an zu sagen, daß ich in Göttingen nicht nur eine Zweitwohnung, sondern auch ein zweites Zuhause habe, und das nicht nur, weil ich nach meinen zwei Jahren als Studiendirektorin der University of California noch Gastprofessorin an der Georgia Augusta gewesen bin, sondern auch, weil ich mit meinem Buch viele Leser gewonnen hatte. Doch ein reines Honigschlecken ist es nicht. Zwar werde ich auf der Straße oft von Fremden angelächelt oder gegrüßt; Bekannte rufen an und freuen sich, daß ich wieder da bin und bieten nebst ihrer Gesellschaft einen Abend mit Wein und Käse an; ich weiß, bei welchem Bäcker es das beste Brot gibt und warum mir das superfeine Kaffeehaus auf der Weenderstraße auf die Nerven geht. Ich bin hier fast zu Hause. Das entscheidende Wort ist »fast«. An der Oberfläche bin ich willkommen, mancherlei schwimmt aber unterm Wasser, wo's dunkel ist. Dazu drei Erlebnisse.

Da war zum Beispiel die Schmierfink-Affäre. Ich war bei einem Naturwissenschaftler und seiner Frau zu einem manierlichen Abendessen eingeladen, zu dem er auch einige seiner Vorzugsstudenten und -assistenten gebeten hatte, weil er ihnen die Ehre zukommen lassen wollte, mich kennenzulernen. Der Abend plätscherte vor sich hin, Ehrengast ist eine Rolle, die mir nicht besonders liegt, besonders wenn man fest am Tisch sitzt und nicht, wie bei einer Cocktail Party, mit dem Glas in der Hand herumlaufen kann; obwohl auch das zu Unannehmlichkeiten führen kann. Jedenfalls kam kein rechtes Gespräch auf, ein bißchen literarisches Geplänkel, bei dem sich einer der Gäste, der etwa vierzigjährige Herr Schn., besonders steif gab. Mehrmals schien es, als wolle er zu seiner Aktentasche und mitgebrachten Schriften greifen. Er erweckte den Eindruck, als habe er etwas auf dem Herzen, mit dem er nur schwer herausrücken konnte. Wir waren schon abschiedsbereit und standen noch herum, in dieser endlosen Zeremonie des Aufwiedersehensagens, die in Deutschland üblich und mir lästig ist, lästig schon darum, weil irgendein Herr dir in den Mantel geholfen hat, und nun stehst du da und schwitzt und willst gehen, aber der Gast oder der Gastgeber, der dich nach Hause fahren soll, hat noch mit anderen zu sprechen und kann sich gar nicht trennen. In dieser Endphase faßte Herr Schn. Mut und begann mir Vorwürfe an den Kopf zu werfen, wobei sein eigener Kopf vor Rage immer röter wurde.

Ich wußte anfangs gar nicht, was auf mich zukam, so verblüffend war der Angriff. Ich hätte einem Göttinger Professor in einem Essay Unrecht getan, warf mir Herr Schn. vor, und das auf unsaubere Weise. Er zitierte eine harmlose, feministisch angehauchte Passage, die eher ironisch-aufklärerisch gemeint war, kein Name war genannt, er mußte schon ordentlich recherchiert haben, um die Quelle meines Einspruchs zu eruieren. Es ging Herrn Schn. auch gar nicht um die Substanz einer unwesentlichen Stelle in einem ihm unliebsamen Aufsatz, sondern grundsätzlich darum, daß ich überhaupt Kritik geübt hatte. War also alle Kritik, die aus bestimmten Kreisen (Juden, Frauen) kam, als unerlaubt einzustufen? Es gibt an der Universität Göttingen zwar Emeriti, die jede kritische Wertung der Georgia Augusta als Ehrenbeleidigung betrachten. Eine Studentin, die es gewagt hatte, sich über das Leben der Professoren im 18. Jahrhundert bei einer öffentlichen Kundgebung lustig zu machen, wurde etwa von einem solchen Sir Galahad angegriffen, ganz unerwartet für eine junge Frau, die mit dem Prinzip der freien Meinungsäußerung aufgewachsen war. Mir fiel ein, daß zwischen Herr Schn.s Beschuldigungen und der Reaktion auf diese Veräppelung des Universitätslebens in ihren relativ unschuldigen Anfängen eine Verbindung bestehen könnte. Der Fall – wie auch meiner – war kein Fall, noch weniger ein Skandal. Der Wissenschaftler, den ich laut Herrn Schn. beleidigt hatte, hatte das Zitat entweder nicht bemerkt oder nicht auf sich bezogen, oder gar nicht gelesen, oder er hat mir recht oder auch unrecht gegeben – es ist egal, weil's so trivial war und ich kein großes Geschütz aufgefahren hatte. Nachdenklich stimmte mich allerdings, wie oft der so oft mißbrauchte Begriff der Ehre, den ich mit Duellen verbinde und nicht mit Eigenschaften, die ich bewundere, wie Zivilcourage und spontane menschliche Anteilnahme, in Deutschland in den Mund genommen wird. Wenn die Universität Göttingen eine Ehre hatte (wieso kann eine Institution überhaupt mit einer solchen aufwarten, und was kann sie damit für ihre Aufgaben, nämlich Lehre und Forschung, anfangen?), so ist sie spätestens mit der Ausweisung der jüdischen Professoren, mit denen sich die sogenannten arischen Kollegen bekanntlich nicht solidarisch erklärten, verloren worden, denke ich; und weiterhin mit dem nazistischen Unsinn, der jahrelang dort unterrichtet wurde, wie auch anderswo in Deutschland. Ich habe schon berichtet, wie auch in Amerika grober Unfug mit dem »honor code« an manchen Unis getrieben wurde. Man sollte lieber noch einmal nachlesen, was Falstaff in Shakespeares »Henry IV« darüber zu sagen hat. Er reduziert's nämlich aufs Semantische und meint, die Ehre sei vor allem ein Wort – und nicht mehr.

In Göttingen damals versuchte ich Herrn Schn. zu beschwichtigen und sagte, an meinen Ausführungen sei nichts bös gemeint gewesen; solche Aufklärungsbemühungen wurden jedoch seinem Eifer nicht gerecht, denn er wollte mir nicht nur die Leviten lesen, sondern geradezu eine Ohrfeige versetzen. In solchen Situationen ist meine erste Reaktion: Jetzt nur nicht die Fassung verlieren. Als ob dich jemand umwerfen will und du versuchst vor allem, das Gleichgewicht zu bewahren. Herr Schn. geriet immer mehr in Wut, was mich erstaunte, es mir auch wieder erleichterte, gelassen zu bleiben, denn harmlose Wutanfälle – das heißt solche, die nicht in Gewalttätigkeit ausarten –, so widerlich sie sein mögen, fechten mich selten an; man weiß ja, was man vor sich hat, während unterschwellige Feindseligkeit verunsichert. Herr Schn. zählte auch nicht zu dem Publikum, das ich mir für meine Arbeiten vorstelle und über deren Ablehnung ich mich kränken würde. Erstaunt war ich allerdings, daß die übrigen Anwesenden nicht einschritten. Sie standen herum und schauten zu, hoffentlich genossen sie das Spektakel nicht allzu sehr, denn schließlich ging's auf meine Kosten. Dann steigerte sich Herr Schn. zu dem Satz: »Es tut mir leid, Ihnen das sagen zu müssen, doch die Art, wie Sie schreiben, ist die Art von Schmierfinken.« Er muß den Begriff »Schmierfink« den ganzen Abend als geheime Waffe dabeigehabt haben. Das war auch dem langmütigen Hausherrn zu viel. Er packte den unliebsamen Gast am Arm und murmelte Unverständliches, wahrscheinlich, weil ihm nichts Passendes einfiel. Man ging hinaus zu den Autos, ich gab Herrn Schn. die Hand und warnte ihn noch, vorsichtig zu fahren, denn in seiner offensichtlich gereizten Verfassung könne er leicht einen Unfall verursachen. Die Ironie machte ihn hilflos, sie war ihm fremd.

Das Gastgeberpaar fuhr mich nach Hause. Im Wagen wollte ich über den Vorfall sprechen, aber beide waren nicht dazu zu bewegen und schwiegen beharrlich. Jetzt war ich doch verstört. Wo war ich da hingeraten? In Amerika wären die Ansichten, Mutmaßungen, Behauptungen hin und her geschwirrt, einer den anderen unterbrechend. Wieder einmal stand ich vor der Frage: Jude oder Frau? Der angeblich anstößige Satz, den Herr Schn. zitiert hatte, stammte aus einem feministischen Kontext, aber mit mir als Verfasserin stach der jüdische Hintergrund noch mehr ins Auge. Tags darauf kamen Anrufe. Zwei Studenten, die dabei gewesen waren, drückten mir ihr Bedauern aus. Ich wollte ihnen schon vorwerfen, sie hätten ihr Bedauern am vorigen Abend in Hilfeleistung umsetzen können. Statt dessen stellte ich ihnen die Frage, die mich umtrieb. Was sind eure Assoziationen zu »Schmierfink«? Beide sagten, ohne zu zögern, der Ausdruck »Schmierfink« werde manchmal auf schreibende Juden angewendet, das hätten sie schon gehört.

Die Jugendlichen kannten also diese Verunglimpfung. Hingegen versicherten mir ältere Leute, das Wort bedeute nicht mehr als jemand, der schlecht schreibt und Übles von sich gibt. Entweder wurde ich belogen oder man hatte vergessen beziehungsweise verdrängt, daß dieser Begriff in antisemitischen oder antisemitischeren Zeiten auf jüdische Publizisten angewandt wurde. Und wie man sieht, kennt man ihn in Studentenkreisen.

Auch mein Gastgeber meldete sich am nächsten Tag und beschrieb, wie er und seine Frau schweigend nach Hause zurückgefahren waren, wo sie sich hinsetzten und einander erst einmal unglücklich anstarrten, weil der Abend anders als geplant ausgegangen war. Er sei völlig aus dem Häuschen gewesen, Herr Schn. habe ihm jahrelang mit außerordentlichem Fleiß beigestanden, als bedenklich sei ihm allerdings sein Hang zur Perfektion aufgefallen. Das habe dazu geführt, daß Herr Schn. in sechs Jahren seine kunstgeschichtliche Dissertation über mittelalterlichen Kirchenbau nicht fertig gestellt habe. Er schickte mir Textbeispiele, unlesbare Pedanterien, wie mir schien, und einen handgeschriebenen Brief, in dem er mir versicherte, Herr Schn. sei »nur« neidisch auf Leute, die es weitergebracht hätten als er, von Antisemitismus oder Antifeminismus könne keine Rede sein, seine Wut habe meinem wissenschaftlichen und literarischen Erfolg gegolten, nichts anderem. Nur? Neid gehört ja zum Vorurteil wie Pech zum Schwefel.

Es gab noch einen Briefwechsel – auf mein Drängen bekam ich Kopien –, in dem der Professor und der Stipendiat aneinandergerieten. Der ältere Herr wurde rührselig, schrieb über mich als die alte Frau, Kindheit in Theresienstadt, wie können Sie nur? Die Vorsitzende der Stiftung, von der Herr Schn. seinen Unterhalt bezog und die sich nun von ihm lösen wollte, war vor allem darauf aus, die Frau Klüger zu beruhigen. Die Frau Klüger brauchte aber gar keine Ruhe, sie war neugierig, was da unterschwellig vor sich ging. Ich hatte schon als Kind gelernt, mir einen Panzer gegen die Judenverachtung der Deutschen anzulegen, und mußte mir später Mühe geben, ihn wieder abzulegen, denn er ist unvernünftig und unfair. Aber ein Panzer ist noch immer nützlich, heutzutage besonders gegen die Frauenverachtung vieler Männer, die man viel offener zur Schau tragen darf als die Judenfeindlichkeit. Obwohl ich wie andere Menschen verletzlich bin, bin ich doch nicht leicht verletzbar, abgesehen von meinen Kindern und meinen Freunden, nicht aber von einem hergelaufenen Neidhammel. Alle behaupteten plötzlich, Herr Schn. sei auf irgendeine Art geisteskrank, auch die Stiftungsvorsitzende entlastete ihn und sein Umfeld auf diese Weise. Das ist die bewährte Methode, das Unbehagen in der Kultur, wie Freud es nannte, auf den einzelnen abzuschieben. Denn sogar wenn man die Unzurechnungsfähigkeit des einzelnen in Rechnung stellt, bleibt die Frage, warum die Psychose oder Neurose, wenn es denn eine ist, sich durch gewisse und nicht durch andere Symptome äußert. Es muß etwas in der Kultur selbst geben, das dem verwirrten Gemüt den Weg oder Irrweg zeigt, auf dem es dann weiterstolpert. Die wohlmeinenden Gastgeber verschlimmerten die Situation noch, indem sie mich als alte Frau, die's schwer gehabt hatte und die man nur zart anfassen dürfe, behandelten. Erst dadurch fühlte ich mich als nicht dazugehörig beziehungsweise als ausgestoßen, als ein Sonderfall im akademischen Dorf.

Trotzdem stellte ich mir die Frage, ob etwas Sachliches mit im Spiel war. In Deutschland sitzt die Achtung vor literarischer und wissenschaftlicher Größe und Tradition noch so tief wie früher einmal die Fürstentreue. Man meint, es gäbe Themen und Menschen, denen man sich nur mit Ehrerbietung nähern dürfe. Ich erwähnte schon die Studentin, die sich durch eine Satire über die Weibergeschichten eines Professors und Schriftstellers des 18. Jahrhunderts den wütenden Angriffen eines lebenden Professors ausgesetzt fand. Meine Art zu schreiben, bei der mir der Begriff Kritik, das heißt Unterscheidung, der wichtigste ist, irritiert. Zu meinen Interpretationen von Gedichten, die in der *FAZ* erscheinen, bekomme ich öfters empörte Briefe, die typisch mit einem einleitenden »Sie wagen es …« beginnen, auf das dann Belehrungen folgen. Diese beruhen stets auf meiner mangelnden Achtung und der fehlenden Tiefe. Dabei schreibe ich immer nur über Gedichte, die mir zusagen oder die ich sehr interessant finde, wie es der Herausgeber der »Frankfurter Anthologie«, Marcel Reich-Ranicki, vorsieht. Auch einen lebenden Schriftsteller, der nicht gut genug gewürdigt wurde, habe ich verärgert sagen hören, Buchrezensionen sollten immer nur positiv sein. Ein direktes Goebbels-Zitat, dem Sprecher bewußt oder unbewußt, lebt darin weiter. In der Nazizeit gab es keine negative Kritiken, sie waren verboten. Dabei vergißt man, daß ein Rezensent ja nicht für den Autor des Werks schreibt, sondern für die potentiellen Leser. (Ich selber kann gut reden, denn ich hab's als Rezensentin so weit gebracht, daß ich's mir leisten kann, nur über Bücher, die ich gerne lese, zu schreiben, was weitaus angenehmer ist, als sich bei der Lektüre zu ärgern oder zu langweilen.) Die Österreicher sind in dieser Beziehung anders als die Deutschen, sie mäkeln dauernd und amüsieren sich auch über Beschimpfungen. Selbst im superpatriotischen Amerika erregt man mit literarischer Kritik keinen Anstoß. Natürlich erscheinen auch in Deutschland negative, auch gehässige Rezensionen, aber Literatur und Wissenschaft stehen noch immer auf ihren alten Sockeln und sind dem Publikum überlegen.

Einer Göttinger Bank hatte ich das Geld, das ich mit »weiter leben«, sowie mit verschiedenen, damit verbundenen Auftritten und Lesungen verdient hatte, zur Verwaltung übergeben.

Die Bank teilte mir einen Vertreter zu, der die Einkünfte, die ich nicht zum Lebensunterhalt brauchte, für mich anlegte. Ich unterhielt mich gerne mit dem sympathischen jungen Mann, der mir auch mit der Einkommensteuer half, als ich von 1999 bis 2002 als Gastprofessorin in Göttingen war. Das Geld sei konservativ angelegt, meinte ich, wenn ich noch älter werde, brauche ich es vielleicht. Sonst bleibt's den Enkeln, was auch gut ist, in Amerika kostet es eine Menge, die Kinder ins College zu schicken.

Eines Tages rief mich dieser Berater, den ich hier Volker nenne (er trug einen anderen, ebenfalls germanischen Namen), zu Hause an, er müsse so bald wie möglich mit mir sprechen. Gut, wann soll ich in die Bank kommen? Nein, er würde zu mir in die Wohnung kommen. Das machte mich stutzig. Niemals würde es einem amerikanischen Bankangestellten einfallen, einen geschäftlichen Termin ins Haus einer Kundin zu verlegen. Andere Länder, andere Sitten? Ich lud ihn also ein, aber mit einem unguten Gefühl im Magen. Dann stand er da und eröffnete mir, daß er schlecht gewirtschaftet und viel Geld verloren habe. Ich wußte, daß die Börse damals heftigen Schwankungen ausgesetzt war, und obwohl ich keine Technologie-Aktien gekauft hatte, mit denen man das meiste Pech hatte, seufzte ich und dachte, Verluste muß man in Kauf nehmen, wenn man Geld anlegt, denn Anlagen seien spekulativ, auch die konservativeren. Wieviel denn verloren sei? Die Antwort kam zögernd: Nach und nach stellte sich heraus, daß alles weg war, und das war keine geringe Summe. Er habe alles verspielt, weil er es gut mit mir meinte und mir ein größeres Vermögen verschaffen wollte, ich müsse, bat er mich, seinem Vorgesetzten sagen, ich hätte die Erlaubnis zu allen Risiken, die er eingegangen sei, gegeben, müsse sagen, Volker habe in meinem Einverständnis gehandelt, ich hätte ihm entsprechende Weisungen am Telefon und via E-Mail erteilt. Je länger wir redeten, desto schlimmer wurde die Sache. Sei denn gar nichts übrig, wollte ich jetzt doch wissen und erwartete eine beschwichtigende Antwort. Im Gegenteil, es schien noch eine »Minusbalance« da zu sein. Das bedeutete, ich hatte nicht nur den Verlust, sondern obendrein noch Schulden. Er flehte mich an, ihn nicht fallen zu lassen, erklärte sich bereit, sich schriftlich zu verpflichten, mir über die Jahre hinweg alles zurückzuzahlen. Er tat mir leid, ich fragte, wie er es denn anstellen wolle, die Summe, die ich verloren hatte, in absehbarer Frist aufzubringen. Er habe ein Haus, das könne er mir als Sicherheit anbieten, er könne mir sein Anrecht darauf belegen. Langsam wurde es mir ungemütlich. Irgendetwas Uraltes, mit Deutschland Verbundenes, kam in mir hoch. War ich wirklich dazu bereit, seinen Vorgesetzten, der mich am nächsten Tag anrufen würde, zu belügen? Sonst muß ich den Rest meines Lebens als Taxifahrer arbeiten, sagte er, verzweifelten Trotz in der Stimme. Ich fühlte mich nicht mehr sicher, eine alte Frau und ein junger Mann, der solche Forderungen an sie stellt – er und ich waren allein in der Wohnung, ein öffentlicher Ort wäre mir lieber gewesen.

Es ist schwer zu sagen, was mir in der Stunde durch den Kopf ging, als ich meine in Deutschland erworbenen Ersparnisse davonschwimmen sah. Es stand außer Frage, daß der Mann, der vor mir saß und dem Alter nach mein Sohn hätte sein können, der gelegentlich nervös aufsprang und in der Wohnung herumlief, schuld an dem Verlust war, der nicht einfach das Ergebnis von ökonomischen Strömungen und Gegenströmungen war. Und daß er sich miserabel fühlte, als er mich um Hilfe anflehte. Er schrieb und unterschrieb einen Wisch, in dem er sich verpflichtete, die Schuld abzuzahlen, und ich nahm dieses Papier und dachte, ich hätte zumindest etwas, besser als gar nichts.

Als er weg war, wollte ich der ganzen Angelegenheit innerlich entfliehen. Ist ja nur Geld, man hat Ärgeres erlebt, dachte ich, die alte Litanei der Enterbten und Betrogenen, Juden in vielen Variationen bekannt. Die Frage war, wie man sich jetzt in den Griff kriegt, was ist das nächste, was ich tun kann, um mich abzulenken und nicht sinnlos über der Sache zu brüten? An dem Aufsatz schreiben, der unfertig im Computer steckt? So leicht war das dann doch nicht, denn die Summe war einfach zu hoch, sie bedeutete eine Art Netz für den Notfall – Amerika hat ja kein richtiges Sicherheitsnetz für seine Bürger wie die meisten europäischen Staaten, und wer keine Ersparnisse hat, kann tief fallen. Jemanden anrufen. Ich muß mit jemandem sprechen. Wen? Gesa natürlich, mit ihr telefonieren, mit wem sonst? Zu Gesa habe ich genügend Vertrauen, um das Mißtrauen, das mich oft in Deutschland befällt, auszubalancieren, auf Gesa kann ich mich verlassen, sie ist Familie. Als ich in Deutschland zehn Jahre zuvor mit einer Kopfverletzung im Krankenhaus lag, war eine meiner beharrlichsten Besucherinnen eine junge Deutschlehrerin, die für das kalifornische Studienzentrum arbeitete, dem ich damals vorstand – es war Gesa. Sie hatte sich damals einfach als meine Tochter ausgegeben, wurde daraufhin in die Intensivstation gelassen und brachte Joghurt, um die elende Spitalskost auszubalancieren. Keiner fragt nach der Geburtsurkunde, wenn du deine Mutter in der Klinik besuchen willst. Da sie aber selbst eine Mutter hat und ich Kinder, unverwechselbare Verwandte, an denen wir hängen, modifizierten wir die Beziehung und geben uns seither als Nichte und Tante aus. Wenn man das einmal tut, sehen die Leute gleich Ähnlichkeiten in Gestalt und Gesicht. Die Ähnlichkeiten in den Denkgewohnheiten, die uns verblüffen, weil sie so weitgehend sind, kennen nur wenige und eigentlich nur wir beide. Wir denken nicht nur, sondern blödeln sogar auf dieselbe Art und verfassen Nonsensverse zusammen. Gesa hat sich mittlerweile als Germanistin habilitiert, liest Literatur ähnlich wie ich, wir lernen oft voneinander und sind uns fast immer einig in bezug auf Menschen und Ereignisse. Bin ich nicht in Göttingen, so kümmert sie sich um meine Post und die Wasserschäden in der Wohnung und zahlt, als meine Nichte, die fälligen Rechnungen. Auch bei mir in Kalifornien war sie schon und ist mit meinen Söhnen befreundet. Volker hatte fälschlich gedacht, daß ich als Ausländerin ganz allein und verlassen und ohne Kontakte in der Stadt sei.

Ich erzähle ihr, was vorgefallen ist und bitte sie, die Papiere, die mir der Bankfritze gelassen hat, bei sich zu verstauen und, falls mir was zustoßen sollte, meinem Sohn Dan zu überlassen. Ich merke, wie sie am Telefon einfriert. »Gesa? Bist du noch da?« frage ich schüchtern und ein wenig beschämt über meine eigene Larmoyanz. Dann sagt sie: »Nein, das mache ich nicht!« Einfach so. In einem Tonfall, den sie sonst nur wählt, wenn sie jemanden partout nicht leiden kann. Warum spricht sie so mit mir, denke ich. Es geht mir doch schlecht. »Aber ich kann den armen Kerl doch nicht so einfach fallen lassen.« Sie wiederholt ihr Nein. Und kurz darauf ist sie bei mir in der Wohnung. Verbittert und verbissen. Schaut sich alles an, auch die Urkunde, die den Besitz seines Hauses bestätigen soll, und stellt fest, daß es gar nicht ihm gehört, sondern seinen Eltern. Gesa, die Tochter eines Anwalts, liest Legalistisches mit einer Leidenschaft, als sei's eine höhere Form von Pornographie. Mir fällt langsam auf, daß ich hereingelegt worden bin. »Du stirbst«, sagt sie ungerührt, »und deine Söhne kommen, und er sagt ihnen, es ist nichts mehr da. Pfutsch, weg, alles. Auch diese Wohnung.« Gesa verbissen, ich verwirrt. Eine Anwältin brauchst du, ich weiß, wen, laß mich anrufen. Das tat ich gerne, Abwälzen der Entscheidung auf andere, das kam mir gerade gelegen. Dann Volker am Telefon, ich sage ihm, morgen sehe ich eine Anwältin (Er: »Das kostet doch Geld.« In dem Augenblick bin ich sicher, daß er mich für einen Trottel hält.) Ich stelle das Telefon auf laut, sodaß Gesa mithören kann, sie will weggehen. Das höre ich mir nicht an, meint sie, ich gestikuliere, sie soll bleiben, da steht ja noch dein Tee. Ich sag ihm, er soll doch zur Anwältin mitkommen, Gesa schüttelt heftig den Kopf, sie hört keinen armen Kerl, sie hört nur einen Gauner.

So sehr ich mich zuerst geärgert hatte, daß sie die Geschichte anders sah und kein Mitleid mit dem Bankmann hatte, und mit mir auch nicht, daß sie nur entrüstet war über meine Naivität, so erleichtert war ich jetzt über ihren Beistand. Am nächsten Tag ein Anruf nach dem anderen, ich ging nicht hin. Faxe kamen, von der Bank, vom Vorgesetzten. Ein Student wollte mich sehen; ich war glücklich, seine Arbeiten zu kommentieren; das Telefon läutete, ich ließ es läuten; Volker stand unten an der Haustür, nein, ich könne ihn jetzt nicht sehen, ich sei mit einem Studenten beschäftigt, was ja stimmte, und sowas ist leichter zu sagen, wenn es zutrifft. Der Student, ein schüchterner Mensch, der mit seinen exzentrischen Einfällen mehr Erfolg bei mir hatte als bei seinen anderen Lehrern, machte sich Vorwürfe, mich von meinen Angelegenheiten abzuhalten, ich sagte nein, das macht ja nichts, und schämte mich heimlich, die geduldige und großzügige Zuhörerin zu spielen, während ich doch froh war, ihn da zu haben.

Erst am Abend verließ ich das Haus, traf mich mit Gesa bei der Anwältin, die ich Jahre vorher flüchtig im Studienzentrum kennengelernt hatte. Die sah sich die Unterlagen an, schüttelte den Kopf und bemerkte, meine Aktien seien weder abnormal noch besonders riskant. Dann rief sie Volker an und befahl ihm, mich fortan in Ruhe zu lassen. Und dann seinen Vorgesetzten und hinterließ eine Nachricht, sich so bald wie möglich an sie zu wenden und keinesfalls an mich. – Mir fiel ein ganzer Steinbruch vom Herzen.

Gesa hatte sich mit ganzer Energie auf Volkers Machinationen gestürzt. Mit ihrer Hartnäckigkeit stöberte sie sich durch sämtliche Schuldpapiere, derer sie habhaft werden konnte, und entdeckte allerlei. Volker hatte sich zum Beispiel eine Kreditkarte in meinem Namen zugelegt und mein Konto systematisch ausgeräumt. Auch beglich er unter anderem seine Ferien und seine Stromrechnung mit meinem Geld.

Das Ganze nahm bizarre Aspekte an. Als die Sache aufgeflogen war, rief Volker meine Anwältin an und bot ihr eine ziemlich hohe Summe, die er ihr bar ins Büro bringen würde. Sowas war ihr noch nie untergekommen, Göttingen ist doch ein beschaulicher Ort, keine Gangsterstadt. Dabei hat er einen schönen deutschen Namen; und die Deutschen sind doch so ehrlich, fügte ich bissigerweise an und solche Mätzchen erwartet ihr hier in Deutschland von Ausländern, und setzte noch eins drauf mit der Bemerkung, mein Konto sei eben arisiert worden. (Manchmal blühe ich geradezu auf, wenn ich boshaft sein kann. Neulich stand in der *Welt* etwas über die Bissigkeit der Frauen, ganz unvermutet und unnötig. Also, wenn schon, denn schon, wenn ihr sogar in der Zeitung Bisse provoziert, wundert euch nicht, gebissen zu werden.)

Die Bankangelegenheit schlug Wellen über unsere kleine Stadt hinaus. Es kamen ein paar hohe Tiere aus Frankfurt und Hamburg angereist – wie hoch, weiß ich nicht, aber bestimmt höher, als Göttingen zu bieten hatte –, die mit meiner Anwältin und mir zusammentrafen. Ich glaube, sie haben erwartet, wir würden uns wie zwei hysterische Fischweiber aufführen, aber statt dessen traten wir als dezent gekleidete Damen ins Sprechzimmer und sprachen in leisen Tönen – steht ja schon im »König Lear«, wie angenehm eine sanfte Stimme bei einer Frau wirkt – und gaben bekannt, daß wir nur an der Rückerstattung des Geldes, nicht an irgendwelchen Vergeltungsmaßnahmen interessiert seien. Alle waren am Ende erleichtert, auch ich. Mein Konto wurde auf den alten Stand zurückversetzt, ich bekam mein Geld und einen neuen Berater und versprach schriftlich, niemanden gerichtlich zu belangen. Als wir die Treppe hinuntergingen, wartete schon Gesa ungeduldig auf uns. Es war glimpflich ausgegangen.

Was hat dieser Vorfall bei mir ausgelöst? Ein Einzelfall, wird der Leser sagen. Sowas passiert, kann überall passieren, meint die Leserin achselzuckend. Schon, aber es passierte mir und in Deutschland und in einer Stadt, in der ich einigermaßen bekannt war und bin und wo mein Name öfters im Lokalblatt stand, was meinem »Berater« nicht unbekannt gewesen ist. Er wußte auch, daß ich Gastprofessorin war. Warum dachte er also, daß ein Diebstahl so einfach durchginge und ich niemanden hätte, der mir helfen würde? »Deutschland«. Und wieder »Deutschland«. Immer wieder. Sicher ist es ein Rechtsstaat und man kann sich Recht verschaffen, wenn man es richtig anstellt. Oder schwelt noch was? Daß es auch anders geht? Mit Ausländern, mit alten Frauen, mit Juden? Was weiß ich. Man versicherte mir, mein Konto sei das einzige gewesen, das Volker geplündert hatte. Das stört mich, denn es geht gegen das, was ich bin, nicht gegen Kontoinhaber im allgemeinen. Aber es ist leichter, das Vorurteil gegen Frauen und Ausländer als gegen Juden zuzugeben. Das sag ich, und dann ärgert man sich. Aber die Bankgeschichte ist doch gut ausgegangen, werdet ihr sagen. Ja, aber das habe ich nur Gesa zu verdanken, denn ich war zu verwirrt. Das Gegengewicht ist Gesa, eine aus der Generation meiner Kinder. Sie spielt die größte Rolle in der Vertrauensfrage, die ich oben aufgeworfen habe. Es ist mir wichtig, daß Gesa Zugang zu meinem Konto hat, nicht nur weil es praktisch ist für mich, wenn ich nicht in Göttingen bin, sondern weil es meine Fähigkeit bestätigt, Menschen zu vertrauen.

Die dritte Begebenheit handelt von einer verstörten Person, einer Frau, die krankheitshalber genötigt war, ihre Arbeit aufzugeben, und daher Zeit fand, verschiedene Universitätskurse als Zuhörerin zu besuchen. Sie kam in meine Seminare und zur Sprechstunde, eine kluge Person, wenn sie auch manchmal zusammenhanglos sprach. Ich hatte ihre Wortmeldungen ganz gern, gerade weil sie nicht unbedingt bei der Sache blieben und manchmal die Grenzen der Vorsicht übersprangen, die deutsche Studenten, meist konservative Kinder und Enkel der 68er, sich von ihren Professoren auferlegen lassen. Kurz bevor ich nach Hause, das heißt zurück nach Amerika fuhr, tauchten plötzlich an manchen Ecken in der Stadt merkwürdige Plakate auf, die mich beim Namen nannten und sich höhnisch über ein angeblich von mir geplantes

Buch ausließen. Es war wirres Zeug, Freunde brachten mir ein paar Zettel, andere hielten welche zurück, um mich zu schonen, auch die Polizei bekam einen oder zwei davon auf den Tisch gelegt. Wie habe ich reagiert? Ärgerlich, mißmutig, vor allem befremdet. Schließlich stellte sich heraus, wer die Verfasserin gewesen war. Es war eben jene Studentin, die immer mehr den Verstand verlor. Mein damaliger Verleger und guter Freund setzte sich mit ihrem Vater in Verbindung, dem die Sache peinlich war. Ich hatte nicht die Absicht, sie weiter zu verfolgen oder gar aufzubauschen. Doch wieder einmal stellt sich mir die Frage: Warum wendet sich dieser Vater nicht direkt an mich und entschuldigt sich für die Entgleisung seines Kindes? Warum geht hier alles hinten herum, und man spricht sich nicht aus? Sind denn alle diese Leute Katzen, und ich bin der heiße Brei? Ich war froh abzureisen und froh, die Gastprofessur beendet zu haben, lehnte auch eine Verlängerung ab und frage mich seither gelegentlich, ob ich meine Wohnung in Göttingen nicht aufgeben soll. Ich habe sie behalten, weil sie ein freundlicher Stützpunkt in Europa für mich ist.

Doch diese Vorfälle haben meiner Liebe zu der kleinen Universitätsstadt einen bitteren Beigeschmack gegeben, besonders deshalb, weil ich das Gefühl nicht loswerde, die Menschen, an denen mir etwas gelegen ist, nehmen mich nicht ernst. Sie wollen die Alte manipulieren, womöglich so, daß sie es nicht merkt und natürlich nur, um ihr etwas Gutes angedeihen zu lassen. Eine alte Ausländerin, die in ihren Kindheits- und Jugenderinnerungen wühlt und davon profitiert. Man darf ihr nicht zu nahetreten. Das ist nicht das Bild, das ich von mir selber habe, und ich möchte den Spiegel vermeiden, der es mir vorhält. Mir fällt auf, daß meine Aufenthalte in der Stadt immer kürzer werden, ohne daß ich es mir extra vorgenommen hätte. Doch da ist noch die andere Seite, verkörpert in Gesa, meiner Wahlnichte, mit der ich mehr gemeinsam habe als mit den meisten Menschen in Amerika. Es gibt noch andere wie sie, wenn auch niemanden ganz wie sie. Da gab's zum Beispiel eine junge Linguistin in Göttingen, mit der ich mich oft aufs freundlichste unterhalten und gestritten habe. Sie starb an Krebs. Und von der Art, wie sie mir fehlte, wurde mir klar, wie lieb mir meine deutsche Umgebung geworden war. Ich schrieb ihr Verse:

In memoriam Anna Fuchs

Die Blumen lügen sich zum Sinngefüge.
Dir ward der Satz im Munde unterbrochen.
Ich sprech dich an, als hättst du widersprochen,
Die Blumen lügen sich zum Sinngefüge.

Dir ward der Satz im Munde unterbrochen,
Die Orgel dröhnt und macht mich ungeduldig.
Unschuldig bleibst du mir die Antwort schuldig.
Dir ward der Satz im Munde unterbrochen.

Ich sprech dich an, als hättst du widersprochen,
Und spreiz die Hände über Sarg und Erde,
Und sag dir, daß ich weiterreden werde.
Und sprech dich an, als hättst du widersprochen.

Also gut, weiter reden, so lange es noch geht …

3. WIENER NEUROSEN

Für eine, die wie ich zurückkehrt, bleibt sie die Stadt der Vertreibung. Wien hat sich verändert, es blüht und leuchtet, frisches Obst kommt aus aller Welt, die internationalen Kommissionen tagen, und Fiaker fahren staunende Kinder aus aller Herren Länder an den restaurierten Sehenswürdigkeiten vorbei. Das ist nicht die düstere Stadt, die sie im gekränkten Kopf und im beschädigten Herzen trägt, und doch kommt's der Heimkehrerin vor, als ob dieses, das heutige Wien voller Schlaglöcher sei, als könne sie auf der Mariahilferstraße stolpern und im Prater im Gebüsch versacken, in einem Schönbrunner Brunnen ertrinken und am Graben verschluckt werden. Will sagen, daß es für die Touristin, die eben keine Fremde, sondern gebürtige Wienerin ist, zwar ein heutiges und ein damaliges Wien gibt, denn man hat ja Verstand und kann unterscheiden, aber die beiden lassen sich vom Gedächtnis her nicht so auseinanderhalten, wie man gern möchte. Das Gedächtnis ist hartnäckig und will nicht verdrängt werden, oder ist, wie wir von Sigmund Freud wissen, besonders ekelhaft, wenn es verdrängt wird.

Ich bin in Wien geboren, meine Familie, auch die Großfamilie, lebte in Wien, meine Muttersprache ist das wienerische Hochdeutsch der jüdischen Mittelklasse. Die ersten Eindrücke waren die Straßen und Häuser und die Parks dieser Stadt. Bin ich heute in Wien, so kommt es immer wieder vor, daß ein geometrisches Muster oder eine Verzierung an einer Kaffeehaustüre, auf einem Fußboden, an einer Haustreppe eine verschüttete Erinnerung heraufruft, ein Déjà-vu, ein Das-kenn-ich-doch. Es sind Eindrücke, an die ich Jahrzehnte nicht gedacht habe, die ich mir nie auf den Bildschirm der Erinnerung gerufen habe, die aber auf der Festplatte gespeichert waren und sich plötzlich wie alte Bekannte, die man nicht unbedingt begrüßen will, vordrängen. Warum will ich sie eigentlich weder umarmen noch fortschicken? Es sind doch sozusagen neutrale Begegnungen. Ihre Wirkung ist jedoch nicht angenehm, auch nicht gerade unangenehm, sie hat eine gewisse Faszination und ist doch ein Teil dessen, was man in den Jahren, die inzwischen verflossen sind, abschütteln wollte. Sie stellen die Frage, wo hört die alte Heimat auf, wo fängt das alte Feindesland an? Hier habe ich einmal dazugehört und gleichzeitig wurde mir und den Meinen auf unvorstellbar krasse und ordinäre Weise klargemacht, daß wir nicht dazugehörten.

Der Wiener Dichter Theodor Kramer schrieb, nachdem er 1957 aus dem Londoner Exil nach Wien zurückgekehrt war: »Nur in der Heimat bin ich ewig fremd.« Ich war schon im Alter von sechseinhalb Jahren, als die deutschen Truppen im März 1938 einmarschierten, bis September 1942, als ich mit meiner Mutter nach Theresienstadt verschleppt wurde, so fremd in der Heimat wie nirgends wieder danach auf der Welt – außer in Auschwitz: Dort war's noch fremder.

Im Grunde stellt mir Wien die Aufgabe, der rationale Mensch zu bleiben, der ich an anderen Orten bin. Unvernünftige Ressentiments überfallen mich hier wie die Gelsen an einem feuchten Abend; etwa gegen Kindergruppen, die durch die Museen oder durch den Prater geführt werden. Da durfte ich als Kind nicht hin. Ich durfte überhaupt nirgendwo hin, war an ein dunkles Zimmer in einer Wohnung gebunden, die meine Mutter und ich mit anderen Familien teilten, eine Sammelwohnung für Juden, die einander gar nicht kannten. Auf der Straße mußte man den Judenstern tragen, da war's kein Vergnügen, spazierenzugehen. Der Vater war schon verjagt worden, und ich sollte ihn nie wiedersehen. Für eine Frau mit Kind gab es keinen Ausweg mehr. Wir warteten auf den Abtransport in einer desolaten Stätte der Vereinsamung, die für mich getränkt war mit nichts als Verlusten, die man irgendwie verkraften mußte, denn Verwandte und Freunde verschwanden, einer nach dem anderen. Es gab immer weniger Menschen, zu denen man Zutrauen hatte. Wien war ein Ort der schnürenden Verengung, eine Welt- und Kulturstadt, wie ich vom Hörensagen wußte, in der es nicht erlaubt war, sich etwas Interessantes anzuschauen oder irgendwo mitzumachen. Zuletzt war es auch mit der Schule vorbei, und übrig blieb nur einsames Lesen und Gedichte auswendig lernen. Die anderen Kinder lebten weiter, spielten ihre Spiele, gingen in ihre Schulen, trugen die Uniformen ihrer neuen Jugendgruppen und sangen gehässige Lieder über Menschen, die ihnen anders und minderwertig vorkamen, wie ich.

Und doch erinnere ich mich nicht, damals die nichtjüdischen Kinder um ihre Freiheit, um ihre Chancen beneidet zu haben. Ich sah sie als Feinde, die mir die Tatsache, daß ich existierte, übelnahmen und die mich unbestraft beschimpfen durften. Man mußte ihnen aus dem Weg gehen und aufpassen. Erst jetzt, wenn ich als alte Frau zu Besuch in Wien bin, überkommt mich die Wut gegen diesen Widersinn und auch eine merkwürdig distanzierte Sympathie mit dem Kind, das ich längst nicht mehr bin, wegen dieser Ausgrenzung, und daß Menschen, die nicht mehr und nicht weniger Wiener waren als wir, sogar noch ihre Kinder auf uns hetzten. Damals schien's selbstverständlich: So war das Leben für Juden. Heute scheint's unbegreiflich. Wie ein Hund, der seinen Schwanz jagt, laufe ich im Kreis um den Ring und frage: Warum?

Ja, der Ring. Die Rückkehrerin geht an der Universität vorbei, die sich auf dem Teil der Ringstraße befindet, der nach einem berüchtigten Antisemiten benannt ist. Wenn sie ihren Spaziergang fortsetzt, um schließlich im Café Prückel einzukehren, so stößt sie dort noch einmal auf ihn, oder gleich zweimal, erst als Denkmal und dann als der Platz, auf dem das Denkmal steht. Für die unbefangeneren Wiener wiegen die anderen Verdienste des Bürgermeisters Karl Lueger wohl schwerer, als daß er ein Vorläufer und Vorbild für Adolf Hitler gewesen ist. Schämt sich denn niemand ein bissel für die dreifache Ehrung? Die Rückkehrerin schlendert weiter Richtung Zentrum und findet am Judenplatz das Denkmal für die Vertriebenen und Ermordeten. Gut gemeint, aber wie verträgt sich diese treuherzige Wiedergutmachung mit der Lueger-Verehrung an der Ringstraße? Woran soll man da glauben? Die Österreicher haben sowohl den Juden Bruno Kreisky zum Bundeskanzler als auch den alten Nazi Kurt Waldheim zum Bundespräsidenten gewählt. Man nimmt's halt nicht so genau. Dabei sind sich die Wiener, mit denen ich zu tun habe, immer bewußt, daß ich Jüdin bin, ob sie mir nun mit Abneigung oder mit Sympathie begegnen. Wo ich jetzt lebe, kommt diese Tatsache nur dann ins Gespräch, wenn's wirklich paßt, und das ist nicht oft, da mich Religion nicht interessiert. Hier in Wien geht man noch immer davon aus, daß Juden grundsätzlich anders sind. Eine Dame, die ein Gespräch mit mir im ORF gehört hat, schrieb mir, ich solle doch ein »bahnbrechendes Werk« verfassen »und erforschen, welche Charakteristika für die ethnische Gruppe der Juden man als bezeichnend nennen könnte«. Denn das »Märchen von der Gleichartigkeit« lehnt sie ab. Man wisse doch, schreibt sie, die Juden seien sowohl schlampiger als auch intellektueller als die Nichtjuden. Was mich stutzig macht, ist weniger dieser uralte Schleim von Voreingenommenheiten als ihre Meinung, es sei meine Aufgabe, diesem Unsinn, den sie für Sinn hält, nachzugehen und über ihn zu forschen. Daß ich amerikanische Hochschullehrerin und vierfache Großmutter bin, über das barocke Epigramm promoviert habe und gerne Kriminalromane lese, all die Lebensinhalte, Eigenschaften und Interessen, die eine Person ausmachen, sind in ihren Augen unwichtig im Vergleich zu meiner jüdischen Herkunft. Dieser Tatbestand hat mein geistiges Hauptanliegen zu sein.

Ich stehe an der Haltestelle und warte auf die Straßenbahn. Sie hat dieselben Farben wie in meiner Kindheit, dieses leuchtende Rot, nur die Schaffner gibt es nicht mehr, und das Interieur ist jetzt moderner. Auf dem Dach steht in Riesenlettern: »Die Stadt gehört Dir.« Die Stadt gehört mir, wie eine Wunde, die nicht heilt, mir gehört. Und umgekehrt, gehöre ich der Stadt? Im *Standard* las ich einen Satz von Ilse Aichinger, dem grüble ich nach: »Wie läßt sich der Abschied qualifizieren, vor einem Ausmaß schützen, das ihn aus der Reihe bringt und aus der Bodenlosigkeit reißt? Wie wird die Lücke, die jahrzehntelang klafft, konstruktiv, ohne Querverbindungen und Rettungen zu suchen, die nicht möglich sind?«

Seit dem September 1942 hatte die Stadt eine Geschichte,

an der ich keinen Anteil hatte. Und ich hatte meine Lebensgeschichte, die anderswo war. Gehören wir einander? Mit Absicht habe ich mir die Stadt nicht oft ins Gedächtnis gerufen, aus Wehleidigkeit, könnte man sagen, und sie hat es mit der Erinnerung an mich und meinesgleichen jahrzehntelang auch nicht eilig gehabt, bis sie sich endlich aus ihrem selbstverschuldeten Dornröschenschlaf aufrappelte. Wo immer ich in Wien hingehe, berühre ich eine wunde Stelle. Darum schauen mich die Leute oft schief oder, wie man hier sagt, schiach an. Wiens Wunde, die ich bin, und meine Wunde, die Wien ist, sind unheilbar. Läppisch gerät jeder Versuch, Versöhnung anzustreben. Nur eitern und den ganzen Körper infizieren müssen und sollen solche Wunden nicht, das kann durch Nachdenken und Reden verhindert werden; das wäre doch schon was, und zwar gar nicht wenig. Die Straßenbahn hält. Ich steige ein.

Marietta Torberg hatte mir eine Wohnung in Wien verschafft, wo ich als Gast ein paar Monate wohnen durfte. Wie ihr das gelang, fand ich nicht heraus. Es war halt so. Eine österreichische Abkürzung. Wie man in Wien den Kaffee und bürokratische Vorgänge verlängern kann, so kann man sie anscheinend auch abkürzen. Gleichsam ein Espresso-Verfahren. Dafür mußte ich mich gar nicht bewerben. Frau Torberg, die Witwe des Schriftstellers Friedrich Torberg, war mir auf einem Spaziergang vorgestellt worden, und als ich erwähnte, ich würde gerne länger bleiben, um möglichst die alten Phobien auszukurieren, sagte sie, da werde sie schauen, was sich machen ließe. Die Bank Austria habe da eine Wohnung am Bauernmarkt. Das war 1997. Ich habe ein paar Vorträge gehalten, ein paar Essays geschrieben, bin oft ins Theater gegangen und am Graben herumgesessen, habe in den Kaffeehäusern große und kleine Braune getrunken und dazu Gedichte verfaßt. Manchmal hat mir irgendwas die Kehle zugeschnürt, und manchmal wußte ich nicht einmal, woraus dieses Irgendwas bestand.

Gegen's Ertrinken hilft der heilige Nepomuk, hab ich mir sagen lassen. So einer stand im Hof des Hauses, wo ich dank der Großzügigkeit der Bank Austria meine Wohnung hatte. Wenn ich ausging, fragte ich ihn, wie er, der hölzerne Heilige mit dem tschechischen Namen, hierher komme. Er fragte seinerseits zurück, wie, bitteschön, sei ich zu der Wohnung gekommen? Das Buch, antwortete ich bereitwillig, natürlich das Buch über die Kindheit im KZ; ein Buch über bekannte Tatsachen, gespickt mit Beobachtungen, die man in Deutschland für tiefsinnig hält, hier aber ganz richtig als Wiener Schnoddrigkeiten auffaßt, die man würdigt, wie man solche Sachen hier würdigt, eine sprachliche und gedankliche Eigenart, die ich sympathisch finde. Ob er ein schnoddriges Gedicht von mir hören möchte, erkundigte ich mich, und er hatte nichts dagegen.

Bauernmarkt eins

Ein brückenheiliger Nepomuk
steht im Hof am Bauernmarkt eins,
wo ich wohn.
Wie kommt denn der her?
Gibt's nicht Brücken genug,
wo was Heiliges nötig wär,
und kriegen keins?
Hier wirkt er wie Hohn.

Hier ist er verschwendet.
Viel Leut verenden
in reißenden Flüssen,
und er laßt grüßen
zwischen Aufzug und Mistkübel:
Wer hat was davon?

Oder steht er auf brüchiger Brücke,
nur samt dem Strom ist sie unsichtbar?
Sein Holz füllt die Lücke
und begrenzt die Gefahr?
Kein Tourist auf der Jasomirgottstraßen
hat eine Ahnung von seinen Strapazen.
Denn nur er bremst das Übel.
Wir sehn ihn beim Altpapier,
er aber weiß, wofür
er hierher verfrachtet war.

Heiliger Nepomuk, bet für uns, vor allem
für mich, daß ich nicht ins Gewässer falle,
das ich nicht seh und daher nicht aufpassen kann.
Lieber Scheinheiler, mach was Fein's:
Nimm dich der jüdischen Kundschaft an,
damit ich nicht ertrinken tu am Bauernmarkt eins.

1420 gab's in Wien einen Massenselbstmord von Juden. Sie
wollten sich wieder einmal nicht taufen lassen. Bei Wiki-
pedia steht darüber: »Die großangelegte Vertreibung und Er-
mordung der Wiener Juden 1420/21 und die Schleifung der
Or-Sarua-Synagoge auf dem Judenplatz ging auf Albrecht V.
zurück.« Ein unsympathisches G'fries hatte dieser Albrecht.

Ich bin eine amerikanische Touristin, die diese Information aus dem Internet bezieht, und während meines Besuchs besichtigte ich den Platz, auf dem damals ein Denkmal für vernichtete Juden entstehen sollte. Nicht jeder war dafür, es kam zu erregten Kontroversen, wie immer, wenn das Reizwort »Jude« fällt. Lateinische Inschriften aus dem Mittelalter verkünden, das Feuer reinige alles: »sicque iterum poenas igne furiente luit.« Für mich gilt das Umgekehrte, mir stecken sie nämlich den Kopf unter Wasser; vor dem nahen Burgtheater ließ sich gut atmen, aber jedes Mal wenn ich auf den Judenplatz ging, dachte ich ans Ertrinken. Hört sich an nach Gedicht, ich versuchte es:

Ich geh' auf den Judenplatz,
wo das große Sterben stattfand,
jetzt graben sie's aus.
Erst ein Fundament für ein Monument
und dann eine Synagoge.
Ausgeschildert und bebildert.
Die Juden sind mein Unglück,
die Juden sind an allem schuld,
sie lassen sich nicht taufen,
sie bringen sich um,
weil sie sich selber nicht leiden können.

Ich hab das Gedicht nicht fertiggeschrieben, weil ich nicht wußte, wie. Es war einfacher, den heiligen Nepomuk um Hilfe zu bitten, als ein Ende für die selbstmörderischen Wiener Juden zu finden, die es ihren Verfolgern leicht machten und sie vor der Sünde des Mordes bewahrten, indem sie sich selber töteten. Inzwischen zählt Rachel Whitereads Stahlbetonkubus zu den Sehenswürdigkeiten in Wien, und es gibt andere Streitobjekte. Doch die Frage des Erinnerns und des Vergessens steht noch immer im Raum. Jedes Mal, wenn ich nach Wien komme, denke ich daran, gerade dieses Gedicht fertig zu schreiben. Wenn man nur die Antworten wüßte, dann würden auch die Verse kommen.

Diese paar Monate in Wien waren wesentlich für das Zurück- oder für ein Vorwärtstasten zu der Stadt. Sie waren auf jeden Fall eine Annäherung. Marietta Torberg starb unvermutet, bevor ich mich bei ihr bedanken konnte. So statte ich ihr jetzt im nachhinein meinen Dank ab. Sie hat mich zu meinem Wiener Schutzheiligen geführt, dem Nepomuk, der einen aus stürmischen Wassern rettet, auch aus unsichtbaren.

Eine amerikanische Ärztin fragte mich einmal, welche Sprache in Österreich gesprochen werde. »Deutsch«, antwortete ich etwas erstaunt, hielt ihr aber zugute, daß Österreich zum einen tatsächlich ein sehr kleines Land ist, und zweitens, daß sie selbst asiatischer Herkunft war. »Ja, haben die denn keine eigene Sprache?« fragte sie mißbilligend. »Deutsch ist ja ihre eigene Sprache«, versuchte ich ihr begreifbar zu machen. Sie schüttelte nur den Kopf. Nicht so sehr die Bildungslücke gab mir zu denken – ich weiß vermutlich noch weniger über die Geschichte ihres Herkunftslandes als sie über das meine –, sondern der tiefere Sinn ihrer Frage, welche Sprache die Österreicher und ich denn haben.

In Wien denke ich darüber nach, wie's anders gewesen wäre ohne Hitler. Wenn ich dort aufgewachsen wäre, und Deutsch wäre nicht eine Sprache, mit der ich mich herumschlage, weil ich sie teils verlernt habe (und bewußt verlernen wollte) und wiederfinden muß, und weil mir oft die richtigen Wörter nicht einfallen und weil meine Ausdrucksweise veraltet ist. Verwende ich wienerische Bezeichnungen, brechen die Anwesenden oft in fröhliches Gelächter aus, weil diese komplett veraltet seien. Natürlich gehören Ausdrücke im Dialekt nicht zu den absoluten Notwendigkeiten, aber eine wie ich, die in mehr als einer Sprache lebt und auch schreiben will, ist eine Art Jongleurin, der die Sprache zum Kunststück wird, was nicht mit Kunst zu verwechseln ist.

Doch kaum beginnt man sich wohl zu fühlen (was man vermutlich nirgends soll), sind hämische Bemerkungen über Juden nicht mehr zu überhören, in Wien öfter und unbefangener als in Deutschland. Sie kriechen irgendwie aus den Wänden, man vernimmt sie am Markt oder am Flughafen, eine geifernde Unverschämtheit kommt darin zum Ausdruck, vor der ich sofort weglaufen möchte. Keine Streitlust erwacht in mir, sondern das Kind, das ich hier war, will einfach weg von den Gassenbuben, die es beschimpfen. Und andererseits ist mir diese Wiener moralische Wurschtigkeit gemäßer als die deutsche Prinzipienreiterei, die oft in Selbstgerechtigkeit ausartet. Bei Hofmannsthal, dem erzkonservativen begnadeten Dichter, ist diese Gegenüberstellung zwar leicht herablassend, doch er läßt die Deutschen gelten. In Preußen gäbe es »herrschende Anschauungen und Gepflogenheiten«, schreibt er, dagegen in Österreich »keine geforderte Denk- und Fühlweise«.

Ich glaube zu wissen, was er meinte. Ein deutscher Bekannter hat in einem Wiener Antiquitätenladen eine Hitlerbüste gefunden und ist empört, daß sowas verkauft werden darf. Er berichtet mit teutonischer Tugendhaftigkeit in der Stimme, wie er einen Wiener Freund zur Rede gestellt habe: »Bei uns in Deutschland wäre das undenkbar und ist gesetzlich verboten.« Der Wiener habe die Schultern gezuckt und gesagt: »Wir hab'n den Hitler halt historisiert.« Er erwartete Entrüstung meinerseits, ich fand die Antwort aber gar nicht uneben, denn mir geht die Tabuisierung von Nazisymbolen auf die Nerven. Symbole sind austauschbar, und auch bei den Memorabilien kommt's darauf an, was man mit ihnen macht. Verbote sind oft ein Billigtarif für ein gutes Gewissen. Ich vermute, daß man auch in Deutschland Hitlerbüsten kaufen kann, aber nur auf dem Schwarzmarkt und zu entsprechend höheren Preisen.

Der nächste längere Aufenthalt in Wien kam aufgrund einer Einladung der Universität zustande. Vertrauensselig hatte ich zugesagt, ein Gastsemester auf der Germanistik zu verbringen. Das war ein Fehler, wie sich herausstellen sollte. Das Arbeitspensum war viel zu groß, die Bezahlung miserabel, Vorkehrung für Wohnung und Reise waren nicht getroffen worden. Zuerst dachte ich, das wird sich alles richten lassen, wenn ich einmal dort bin. Ich rechnete mit dem guten Willen meiner Gastgeber.

Es war die Universität, an der mein Vater Medizin studiert hatte, und in den ersten Wochen konnte ich mich des Gefühls nicht erwehren, er gehe und stehe neben mir. Schon wollte ich ihn fragen, ob es ihn freue, daß ich jetzt hier tätig war. Am Anfang verfiel ich in Träumereien: Die Wiener wollen, daß ich ihren Kindern etwas beibringe. Am Ende meines Gastsemesters sah ich meinen Vater nur noch ein wenig spöttisch lächeln, mit einem Ausdruck, als wollte er sagen: Schön blöd bist du, hierher zurückgekommen zu sein, wenn's dir anderswo endlich gutgeht.

Dieses Wiener Gastsemester war ein Paradebeispiel dafür, warum ich Diskriminierung von Juden und von Frauen oft durcheinanderbringe. Zwar bin ich mir sicher, daß das Germanistische Institut mich lieber nicht dagehabt hätte, doch weiß ich nicht, ob die Herren keine Frau oder keine Jüdin haben wollten. Möglicherweise keine von beiden, denn sie wichen mir aus und machten mir das Leben und Lehren so schwer und unangenehm wie möglich.

Dem Institut war ich von einer Frauenforschungsgruppe, die die Gastprofessur zu vergeben hatte, mehr oder weniger aufgehalst worden. Stipuliert war lediglich, daß ich Gender-Studies oder Frauenthemen oder Frauenliteratur behandeln müsse. Ich dachte, die werden sich freuen, eine zusätzliche Lehrkraft zu bekommen, hoffte natürlich, Anschluß an den dortigen Kreis der Literaturwissenschaftler zu finden und meine Kenntnis der deutschsprachigen Germanistik zu erweitern. Was sonst hätte ich von einem solchen Semester gehabt? Ich war bereits emeritiert, war mit allen möglichen Schreibarbeiten beschäftigt und konnte auf das Geld, das sowieso weit unter dem Gehalt eines ordentlichen Professors lag, verzichten. Ich kam, um auf meine alten Tage in der Stadt meiner Eltern ein bissel dazuzugehören.

Die Kollegen lernte ich überhaupt nicht kennen. Sie waren Namensschilder vor verschlossenen Türen. Niemand hat mich auch nur zum Kaffee eingeladen. Ich selber tat's einmal mit einer Gruppe von Studentinnen und ein anderes Mal mit einem Assistenten des Institutvorstands, der mir gelegentlich Bücher aus der Bibliothek holte, aber sonst zu keiner Hilfeleistung in den überfüllten Vorlesungen und Seminaren hinzugezogen werden konnte. So wie ich erst gegen Ende meines Aufenthalts davon erfuhr, daß ich Anrecht auf eine Wohnung hatte, so erfuhr ich auch erst spät vom Recht auf einen Schlüssel zum Fakultätslift. Einer Sekretärin war aufgefallen, daß ich mit einem Haufen Bücher die Treppe hinaufstolperte und wegen meiner leidigen Herzprobleme bleich und atemlos aussah. Sie bekam einen Schrecken und ich den Schlüssel.

Ein mit mir befreundeter tschechischer Schriftsteller wollte mich einmal im Institut anrufen oder meine private Telefonnummer ausfindig machen; er erhielt die Antwort, ich sei hier nicht bekannt. Dabei saß ich zwei Türen weiter in meinem Dienstzimmer. Ich sollte zweihundert Prüfungen abnehmen und über vierzig Seminararbeiten lesen, viele davon erst Monate, nachdem ich wieder zu Hause in Kalifornien war und überhaupt nicht mehr zur Universität gehörte. Anderswo wäre eine Hilfskraft dafür selbstverständlich gewesen. Niemand hat den Noteneingang bestätigt oder den Eingang meiner ausführlichen Kommentare zu den einzelnen Seminararbeiten. Eine E-Mail hätte gereicht, doch ich hatte schon aufgehört, sowas zu erwarten.

Einmal hielt ich einen Vortrag für einen Geriatriekongreß der Stadt Wien und war nachher vom Veranstalter zu einem Imbiß eingeladen. Ich saß mit einem Germanistikprofessor am Tisch. Für den Heimweg suchte er ein Taxi, ließ mich dann aber im strömenden Regen stehen und flitzte mit seiner Frau davon. Ich wunderte mich nicht einmal mehr, es war so typisch.

Der Hörsaal verfügte über kein ordentliches Mikrophon, doch mit Hilfe der Studenten fand ich schließlich eine sehr altmodische und vor allem schwere Maschine, die ich jedes Mal mitbrachte, aber selber nicht tragen konnte. Freundinnen, die gar nichts mit der Universität zu tun hatten, schleppten sie für mich. Ich könnte noch weitere Beispiele anführen, doch es geht mir nur darum, diese merkwürdige Ausgrenzung zu belegen. Zweihundert Studentinnen (darunter weniger als zehn Männer) besuchten meine Vorlesung über deutsche Autorinnen. Die Hörerzahl nahm im Lauf des Semesters eher zu, weil auch Publikum von außerhalb dazukam, um sich mit meinen Interpretationen von Droste-Hülshoffs Gedichten und Ebner-Eschenbachs Erzählungen die Zeit zu vertreiben. Erstaunt hat mich allerdings, als mir die Studentinnen versicherten, daß in keinem anderen Seminar oder einer Vorlesung auch nur eine dieser Autorinnen vorgekommen sei. Die männlich geprägte Fakultät ignorierte sie einfach, auch die bekanntesten unter ihnen. Dabei sind es vor allem Frauen, die Germanistik studieren, in Österreich wie in Deutschland. Frauen lesen Bücher, sage ich, wenn ich provozieren will, Männer sehen fern (vor allem Fußball).

Niemand hieß mich bei meiner Ankunft willkommen, niemand sagte Dankeschön, als ich ging. Nur die Studentinnen taten es gelegentlich. Einmal luden sie mich zu einem Diskussionsabend über den literarischen Kanon ein, was ich gerne annahm; plötzlich waren auch die Kollegen da. Ich sah das mit einiger Bestürzung und verordnete gleich zu Anfang, ich wolle die Studenten zum Mitreden auffordern, nicht die Professoren. Kein Mensch hielt sich dran. Die Herren redeten, sowie ich mit meinen einleitenden Bemerkungen fertig war, und verteidigten natürlich den Status quo, den ich in meinen Lehrveranstaltungen zu durchbrechen suchte. Die Studierenden kamen kaum zu Wort und waren wohl auch eingeschüchtert. Nachher verschwanden die Herren im Handumdrehen. Warum war ich ihnen zuwider? Frau oder Jüdin? Zufall war's nicht, dazu war's zu dick aufgetragen.

Das war im Jahre 2003, und es war das letzte Mal, daß ich an einer Universität unterrichtet habe. Trotz meiner Klagen wurde es, auch dank der gescheiten Studentinnen, zu einem guten Semester. Die Hörerinnen waren aufmerksam und aufgeschlossen für das, was sie zu hören bekamen. Die Studentinnen in meinem Lyrik-Seminar waren sensibler als die deutschen, was vielleicht damit zusammenhängt, daß Wien eine musikalische Stadt ist. Sie hatten ein Ohr für Rhythmus und Metrik. Und so war's unterm Strich ein passender Abschied von einem Beruf, der zum Besten gehört, was mir im Leben zuteil geworden ist.

Auf der anderen Seite hat mich Österreich mit Preisen und Anerkennung überschüttet. Schon Jahre vor dem Erscheinen von »weiter leben« war einer meiner Aufsätze in deutschen Theaterkreisen ein wenig bekannt geworden. Es handelte sich um eine Neuinterpretation von Kleists »Hermannsschlacht«, ein Stück, das bis in die achtziger Jahre des 20. Jahrhunderts verpönt war und sogar als Vorläufer der Nazi-Ideologie galt, während ich zu zeigen suchte, man könne mit Kleists unerschrockener Unbequemheit noch etwas anderes anfangen, als sie unter den Tisch kehren. Der Österreicher Hermann Beil, Claus Peymanns Dramaturg, hatte meinen Aufsatz in einer amerikanischen Zeitschrift gefunden. Da ich statt Vornamen Initialen verwendete, um Vorurteilen zu entgehen, hielt er mich für einen Mann. Claus Peymann hat mir Jahre nach seiner berühmten Inszenierung versichert, er habe den wichtigsten Anstoß für seine Bearbeitung des Dramas von mir erhalten. Er veröffentlichte den Aufsatz in seinem Programmheft, doch da ich damals nichts davon erfuhr, konnte ich ihm auch keine bessere Übersetzung liefern.

1992, unmittelbar nach dem Erscheinen von »weiter leben«, fiel ich aus allen Wolken, als mir der Rauriser Literaturpreis, der für ein literarisches Erstlingswerk vergeben wird, zuerkannt wurde. Es war das erste Mal, daß ich einen Preis erhielt, und es war ein österreichischer. Mit meinen 61 Jahren war ich sicher die älteste Schachtel, die ihn erhalten hat oder je erhalten wird. Das war wie ein Willkommen. Ich hatte wieder ein Gesicht in meinem Geburtsland. Um Furien und neidische Götter zu beschwichtigen, gab ich das Preisgeld weiter an eine Gruppe von Sinti und Roma, die es in Köln schwer hatte, und genoß die paar Tage, die ich in Rauris verbringen durfte, umso mehr. Es war ein Fest unter gescheiten Lesern, wie man es sich nur wünschen kann, und die meisten von ihnen waren Österreicher.

Jedes Mal komme ich wieder mit der sinnlosen Hoffnung, daß in Wien das Geheimnis verborgen ist, der Grund für die mörderische und selbstmörderische Gewalt des letzten Jahrhunderts, daß man es hier erforschen könnte, herausfinden, wie es so kommen konnte, wie's kam. Ich versuche Anker auszuwerfen. Man braucht mehr als einen oder muß es öfter versuchen. Ich bin schon irgendwie verankert in Wien, bei Freundinnen, wieder einmal nur Frauen, unabhängige Frauen, berufstätig und feministisch, darunter die Herausgeberinnen der ältesten deutschsprachigen Frauenzeitschrift, der *AUF*, älter sogar als die renommierte *Emma*. Bei denen ich übernachten und Zeit beim Heurigen vertrödeln kann, Menschen, denen ich traue und vice versa, und trotzdem verharre ich in meiner unerschütterlichen Undankbarkeit. Beides darf man nicht unterschätzen, das Vertrauen und die Undankbarkeit. Meine Kinder waren noch nie in Wien, und obwohl Dan vom Schifahren in Tirol sehr angetan war, interessierte er sich nicht für die Geburtsstadt seiner Mutter. Ich hab ihm wohl nie etwas von Wien erzählt, das ihn neugierig gemacht hätte. Zuviel Ambivalenz überträgt sich nicht als Werbung für Tourismus. Annäherung, das ist nicht dasselbe wie Versöhnung.

Seitens der Stadt Wien wurde ich öfters eingeladen, und als ich das erste Mal eine Wiener Vorlesung im Rathaus hielt, war mir das ein außerordentlicher Triumph. Ich fühlte mich tatsächlich geehrt, was mir nicht leicht geschieht, denn im Publikum saß – o Stolz und Freude! – die aus der Ferne seit langem verehrte Ilse Aichinger, die Dichterin eindringlich ausgesparter und eigenwilliger Verse und die Verfasserin des ersten Buchs über ein verfolgtes Wiener Mädchen in der Nazizeit, der Roman »Die größere Hoffnung«, eins meiner Lieblingsbücher.

Mehrmals habe ich bei Theodor-Herzl-Kongressen in Wien gesprochen und mich gefreut, daß Wien ein Herz für Herzl, den Gründer des politischen Zionismus, hat, den Mann, der schon früh wußte, was die Stunde geschlagen hat und für wen sie schlagen würde. Zu meinem Erstaunen erfuhr ich, daß es in Wien auch wieder jüdische Schriftsteller und Autorinnen gibt, einige von ihnen lernte ich kennen, jüngere Brüder und Schwestern, so fühlte es sich an, ein Familiengefühl.

Es folgten andere Preise, darunter 2002 der Bruno-Kreisky-Preis für ein politisches Buch. Das war ein Anlaß, mir zu überlegen, ob ich einen solchen Preis überhaupt guten Gewissens annehmen könne und was für ein Recht ich dazu hätte. Bei der Preisverleihung sagte ich schließlich:

Nachdem ich meine Autobiographie geschrieben hatte, wurde ich öfters gefragt, warum ich die deutsche Sprache gewählt hatte. Die Frage kehrt jetzt, wo ich das Buch endlich auch auf englisch um- und neugeschrieben habe, wieder. Tatsächlich war mir zu der Zeit das Englische, besonders schriftlich, geläufiger als das Deutsche geworden, denn ich hatte praktisch keine deutsche Schulbildung genossen, oder wenn Sie wollen, erdulden müssen. Meine Antworten auf diese Frage waren nicht immer dieselben, weil ich selbst nicht genau wußte, warum ich das Deutsche mit seinem bekanntlich bedeutend kleineren Wortschatz gewählt hatte. Aber nachdem meine zweisprachigen Freunde mir sagen, in der englischen Version vermissen sie den wienerischen Tonfall, meine ich, die richtige Antwort zu wissen. Die deutsche Sprache, latent im Gehirn, aber noch immer robust, hatte mich gewählt, nicht umgekehrt. Wenn man sich intensiv auf die Kindheit besinnt, dann sinniert man in der Sprache der Kindheit, und das war natürlich für mich das wienerische Hochdeutsch. Ich war in der Erinnerung kopfüber in dieses flackernde, gefährdete Zuhause der späten dreißiger, der frühen vierziger Jahre getaucht. Dank der vielen Jahre meines zweiten Lebens in Amerika gab es oft Unsicherheiten bei der Wortwahl, und immer griff ich auf das Kind zurück, das ich gewesen war, und wenn dieses kleine Mäderl mir eifrig nickend versicherte: Dieser Satz trifft's, diese Formulierung sitzt, dann glaubte ich ihr und schrieb getrost weiter. Und so schrieb ich schließlich einen Satz, den Ilse Aichinger zu meiner Freude öfters wohlwollend zitiert: »Wien ist die Stadt, aus der mir die Flucht nicht gelang«, was gleichzeitig bedeutet, daß Wien mein erstes Gefängnis war. In dem Sinne ist »weiter leben« ein politisches Erinnerungsbuch.

In einem Gedicht von Robert Frost heißt es: »Home is the place where, when you have to go there,/They have to take you in.« (Zu Hause bist du dort, wo man dich reinlassen muß, wenn du vor der Türe stehst.) Und da sehen wir sofort den

Riß, der durch die Vergangenheit und Gegenwart der vielen Flüchtlinge unserer Welt geht. Denn wie, wenn sie dich plötzlich »zu Hause« nicht mehr reinlassen, dort, wo du eben noch gewohnt hast? Dann wird dir das Zuhause noch immer vertraut sein und doch unheimlich wie kein anderer Ort. Und du wirst dir nehmen, was du schleppen kannst, wenn's auch nur die ohnmächtigen Wörter sind, die man beim Spielen verwendete, Spiele im Stadtpark, bis das verboten war, später Spiele am jüdischen Friedhof, das war erlaubt. Wörter wie Steine, die man, gemäß der jüdischen Sitte, den Toten aufs Grab legt. Und vielleicht ist auch das, dieses Beschweren der Gräber mit Bruchstücken der Welt, eine politische Handlung.

Ich bin wieder Österreicherin geworden, das heißt, ich habe die doppelte Staatsbürgerschaft beantragt und bekommen und besitze einen EU-Reisepaß, nicht nur, weil er das Reisen in Europa erleichtert, sondern auch, weil ich das Gefühl habe, er gehört mir, ich habe ein Recht auf diese Staatsbürgerschaft, man hatte sie mir genommen, warum sollte ich sie mir nicht zurückholen, schließlich bin ich dort geboren worden und kann wie die Einheimischen sprechen. Und als ich 65 Jahre alt wurde, hatte ich Gelegenheit, mich um eine Pension zu bewerben, die 200 Euro im Monat beträgt, als Entschädigung für den zwangsläufig versäumten Schulunterricht. Was mich dieser Rauswurf und die folgenden Kindheitsjahre im Nazi-Wien gekostet haben, habe ich in zu gemäßigten Worten schon einmal aufgeschrieben und will es hier nicht wiederholen. Aber die 200 Euro habe ich angenommen, gerade weil ich sie nicht oder nicht mehr brauche; niemand kann sagen, es sei ein Almosen. Ich geb sie aus, wenn ich zu Besuch komme: Damit kann man ein oder zwei

Nächte im Hotel in Wien verbringen oder mit Freunden einmal gut essen gehen.

Wenn eine Tierart fast ausgestorben ist, weil sie so intensiv gejagt wurde, dann werden die übriggebliebenen Exemplare der Art besonders gepflegt. Juden sind so zu Walfischen geworden – man schützt sie. Ich wähle die Wale als Beispiel nicht willkürlich, denn in Herman Melvilles »Moby-Dick« wird der Wahnsinn der Verfolgung eines Lebewesens, dessen Bosheit nur in der Phantasie des Verfolgers existiert, unvergeßlich dargestellt. Es gibt eine Tendenz in Deutschland, Juden zu sammeln, sie in eine Schublade, wie zum Aufheben, zu stecken. Was fängt man dann mit ihnen an, wenn man sie hat? Ausstopfen, aufspießen, ausstellen? Man kann sie bewahren, vor Schaden schützen, oder man kann sie, umgekehrt, beschädigen wie Schmetterlinge. Umbringen kann man sie nicht mehr, das ist vorbei. Man hütet sie. Beleidigen, sogar bestehlen, das ist was anderes, das ist nicht unmöglich. Oder man beschenkt sie, man macht wieder gut. Man stößt sie aus, man lädt sie ein. Das ausgestorbene Tier weiß dann nicht recht, ob's kommt oder geht, ob's lebt oder ein Wiedergänger ist. Es kommt halt dorthin, wo's früher einmal war, und schnuppert. (Nein, stimmt nicht, der Wal schnuppert nicht, da muß eine andere Metapher herhalten, es muß dann eine Wölfin sein, über gejagte Wölfe gibt's eine Reihe von Geschichten, die zum Weinen schön und rührend sind.) Selbstmitleid und Selbstkritik hingegen kennen nur die gejagten Menschen. Ich werde bis ans Lebensende wiederkommen, vom Flughafen in Schwechat oder vom Westbahnhof, an dem Knoten herumzerren, bis es unter den Fingernägeln blutet, und ihn doch nicht lösen. Vielleicht in Versen an diesem kindischen Warum herumrätseln. So zum Beispiel:

Wiener Neurose

Es heißt:
Im Hause des Henkers
sprich nicht
vom Strick.
Ich weiß –
Und sprech auf Schritten und Tritten
vom Henken.
Gegen die guten Sitten
verstößt das Gedenken.

Ich bin im Hause des Henkers geboren.
Naturgemäß kehr ich wieder.
In krummen Verstecken
such ich den Strick.
Mir blieb eine Faser davon im Genick.
Meine Hartnäckigkeit war mein Glück.

Doch der Strick ging verloren,
und der Henker ist gestorben.
Auf dem Galgenplatz blüht jetzt der Flieder.

Epilog

Instinct picking up the Key
Dropped by memory –

EMILY DICKINSON,
»After a Hundred Years«

Von zwei Schiffsreisen möchte ich sprechen, die sich in meinem Kopf kreuzen. Meine Freundin Maria und ich besaßen viele Jahre lang ein Sommerhaus an der Ostküste der Vereinigten Staaten, das wir schließlich verkauften. Da leisteten wir uns eine Kreuzfahrt mit der Holland America Line, unser Schiff hieß die »Rotterdam«. Wir schifften uns in Venedig ein, wo wir vorher drei Tage verbrachten, und am Ende hatten wir noch drei Tage in Rio de Janeiro; dazwischen 23 Tage Schiffahrt, einschließlich zwölf »szenischen Ausflügen« auf drei Erdteilen. Wir versicherten einander, wie zur Bestätigung, es sei zwar der reine Luxus, aber wir hätten ihn uns verdient. Erst teilten wir ein Ferienhaus, jetzt teilen wir eine Kabine auf der »Rotterdam«, nicht in der teuersten Kategorie, aber immerhin in der zweitteuersten.

Ich gehöre jetzt also zu den Reichen dieser Welt, dabei ist so eine Reise gar nicht so aufwendig, nicht wenn man aus der Mittelklasse der westlichen Länder kommt. Doch in den Ländern, die wir besuchten, herrschten ganz andere Vorstellungen davon, was man zum Leben und Überleben benötigt. Unsere Dollars und Euros wurden zu einem anderen Austauschmittel, wenn sie von den Besuchern zu den Besuchten wanderten. Die Busbegleiter sind manchmal ganz offen neidisch, wir hätten's gut, sagen sie; wenn wir jetzt von unserem kleinen Ausflug zurückkehren, setzen wir uns an den Pool und bestellen einen Cocktail und lassen uns bedienen. Was stimmt, aber ich hör's nicht gern, ich will sagen, nein, nein, ich komme von woanders her, von unten, ich bin nur zufällig hier im Luxus.

Die Freundschaften alter Menschen sind anders als die zukunftgerichteten der labilen Jugendjahre. Nach wie vor habe ich keine rechten Freunde unter Männern, obwohl ich mehrere gute Bekannte so bezeichne. Die Menschen, die ich anrufe, wenn mir die eigenen Kinder auf die Nerven gehen oder wenn mir das Weltgeschehen zum Hals heraushängt und ich darüber tratschen will, ohne daß einer mir mit seiner Besserwisserei ins Wort fällt, sind ausschließlich Frauen. Vor allem ist es Maria.

Politische Entwicklungen gehören zu unseren Lieblingsthemen. Wir informieren uns gegenseitig, wählen brav und diskutieren über Gesetzesentwürfe, die in Amerika den Wählern viel häufiger vorgelegt werden als in Europa. Sie ist zynischer und pessimistischer als ich, das belebt dann das Gespräch. Ein zweites Thema ist Körpergewicht beziehungsweise Übergewicht. »Ich habe ein Pfund zugenommen«, sage ich und schäme mich. Die Scham hilft beim Abnehmen. Maria ist schlank und elegant (will aber immer noch schlanker und eleganter sein, auch jetzt, wo sie über achzig Jahre alt ist), ich habe meistens einige Kilos zu viel und bin schlampig, in Kleidung und Haushalt. Wenn Maria zu Besuch kommt, räumt sie stillschweigend in meiner Küche auf, auch das ein Grund zur Scham, aber nicht genügend, um meine schlechten Gewohnheiten zu ändern.

Abgesehen von den üblichen Alterserscheinungen geht es mir besser denn je. Weder Maria noch ich tragen uns je mit

Selbstmordgedanken, wie das früher oft der Fall war. Neulich las ich, daß diese Anfälle und die unwiderrufliche Tat in gewissen Altersgruppen häufiger als in anderen vorkommen. Aber gerade nicht bei denen, wo man's erwarten würde, also nicht so sehr unter Jugendlichen und sehr Alten als in der Mitte des Lebens, als schwere Midlife-Krise. Ich kann dem nur zustimmen. In vergangenen Jahrzehnten habe ich mir an jedem neuen Wohnort eine Ecke ausgesucht, wo ich mit dem Auto in eine Mauer fahren könnte (»autocide« nennt man das) oder ein Hotel, in dem man hoch oben ein Zimmer mieten und dann herunterspringen könnte. Das ging so weit, daß ich meinem Sohn Dan einmal sagte, wenn ich mich eines Tages umbringen sollte, so möge er sicher sein, daß es nicht nur nichts mit ihm zu tun habe, sondern auch, daß er es nicht hätte verhindern können. Dieses Zugeständnis war ihm sichtlich peinlich, nicht etwas, was einem Sohn zu Ohren kommen sollte. Doch das alles ist längst vorbei. Obwohl man täglich schwächer und labiler wird. Und sich immer schlechter und schwerer erinnert – an Namen, an Gesichter und wo man den Autoschlüssel hingelegt hat. Und trotzdem: Krankheit (wenn sie nicht zu lange dauert), Schmerzen, Schwerhörigkeit und was sonst noch alles ansteht – damit läßt sich leben. Nur wenn ich nicht mehr gehen könnte, würde ich mir noch schnell einen Strick zum Aufhängen suchen. (Strick, meint Maria, sei besser, als aus dem Fenster springen.) Oder Blindheit: Nicht mehr lesen zu können, ist eine schaurige Vorstellung. (Österreicher reden mit viel mehr Selbstverständlichkeit vom Freitod als, sagen wir, Engländer, die solches Gerede für obszön halten.)

Alte Leute sind sich ihrer Identität sicherer als junge, wissen, wer sie sind und wie sie sich von anderen unterscheiden, und es liegt ihnen weniger als denen in den mittleren Jahren an Status und Besitz und Ansehen. Man muß ja nicht mehr vorsorgen. Andererseits verwischen sich die Schichten des Bewußtseins: Da sind Übergänge, die Gegenwart ist nur ein paar Fußbreit über dem Meeresspiegel vergangener Ereignisse, der Boden schwankt.

Ich erkannte bald, daß mir der Luxus nicht gut tat. Ist nicht meine Sache, dachte ich und korrigierte mich gleich: Stimmt gar nicht. Ich nehme allen möglichen Luxus, in dem ich lebe, als selbstverständlich hin, eine große Wohnung zum Beispiel, die ich heize, wenn mir kalt ist und – da sie in Südkalifornien liegt – auch kühle, wenn's zu warm wird, aber ich lasse mich nicht gern daran erinnern, daß andere es so viel schlechter haben und daß meine bescheidenen Spenden für Amnesty International und Oxfam nur Beschwichtigungsopfer an zürnende Gottheiten sind, und vor allem, daß ich mich unwohl fühle beim Kontakt mit denen, die mich sicher nicht immer freundlich anlächeln wollen, aber es ihres Jobs halber müssen. Ich fragte mich, wie das Personal der »Rotterdam« untergebracht ist. 1300 Gäste und 600 Angestellte. Wahrscheinlich gar kein schlechter Job, aber was die von uns denken, ist wohl doch nicht immer mit dem dauernden Lächeln und der unverrückbaren Freundlichkeit gedeckt. Eine Kreuzfahrt, die zu einer Art Gratwanderung wurde.

Auch Maria wurde von der Kriegszeit geprägt. Ihr Vater war Marineoffizier, kein besonders begabter oder erfolgreicher, sagt sie. In zweiter Ehe hat Maria einen Professor der Romanistik geheiratet, als dessen Frau ich sie kennenlernte, bevor auch diese Ehe geschieden wurde. Von der dritten Tochter hat sie zwei Enkelinnen, und ich beneide sie glühend um ihr enges Verhältnis zu diesen Kindern.

Sie erinnert sich plötzlich und weiß selbst nicht, was die Erinnerung hervorgerufen hat: Sie war sechzehn, hatte Diphtherie und hohes Fieber, lag zu Hause in München im Bett, als die Bomben fielen. Durfte nicht in den Luftschutzkeller, wegen der Ansteckungsgefahr für andere. Ihre Mutter hingegen und alle anderen in der Wohnung mußten, waren verpflichtet, hinunterzugehen. So blieb sie allein oben im Bett liegen, die Fensterscheiben waren schon von vorigen Angriffen zerschlagen worden, ausgesetzt dem tödlichen Gekreisch der Maschinen. Sie hat diese Erinnerung verdrängt, sagt sie, ist ganz aufgeregt, weil sie ihr plötzlich wieder eingefallen ist.

»Es ist uns schon schlechter gegangen«, lautet ein geflügeltes Wort zwischen uns, aber das hat zwei Seiten. Die eine ist die fröhliche – »her mit einem Glas Sekt« –, wir haben alles überstanden; die andere ist die unbewußte Ermahnung, daß Verdrängen nicht das gleiche ist wie Vergessen und schon gar nicht wie Überwinden.

Hofmannsthal hatte recht, als er die Unterschiede zwischen den Menschen auf den Nenner eines Schiffs brachte. Die einen sterben »unten«, »wo die schweren Ruder der Schiffe gleiten«, die anderen wohnen »bei dem Steuer droben/Kennen Vogelflug und die Länder der Sterne.« Auf einer Kreuzfahrt ist das gleich doppelt wahrzunehmen, zum einen auf den Ausflügen in oft sehr arme Viertel und zum anderen auf dem Schiff selbst. Man hofft natürlich, daß die Menschen, die einen bedienen, gut bezahlt werden, und man wird ihnen am Ende ein ordentliches Trinkgeld geben, aber man weiß immer, daß die Kluft zwischen Bedienten und Bedienern gewaltig ist. Und sicher gibt es immer welche, für die kein ordentliches Trinkgeld herausspringt.

Als Teenager in New York arbeitete ich während ein paar

Sommerwochen als Kellnerin in den malerischen Catskills, einem beliebter New Yorker Ferienort in den Bergen. Es war wichtig, selbst was zu verdienen. Das war ein Teil meines Kampfs um die Unabhängigkeit von meiner Mutter, die selbst nicht viel hatte. Man wohnte dort oben ziemlich ungemütlich, was mir wenig ausmachte, und man hatte eine oder mehrere Familien zu bedienen. Das Gehalt war minimal, man arbeitete fürs Trinkgeld, das man am Ende bekam. Die Familie, die ich betreute, war groß, und ich bemühte mich gewissenhaft um sie. Am Ende gaben sie mir für die Arbeit mehrerer Wochen ganze acht Dollar. Das reichte damals gerade, um ein Taxi von Manhattan nach Forest Hills zu bezahlen, wo wir wohnten. Ich fühlte mich geprellt und wies das Geld entrüstet zurück. Die mickrigen Spender waren verdutzt, waren selbst erst kürzlich eingereist und kannten wahrscheinlich die amerikanischen Gepflogenheiten wirklich nicht. Der Oberkellner holte mir meine acht Dollar dann doch noch, und ich verwendete sie tatsächlich für das Taxi nach Hause. Aber ich hatte meine Zeit verschwendet und in diesem Sommer nichts verdient. Ich hatte umsonst gehofft, hundert oder vielleicht zweihundert Dollar reicher zurückzukommen. Meine Mutter triumphierte ein wenig, als ich unverrichteter Dinge bei ihr eintraf.

Der Speisesaal der »Rotterdam« war für das allabendliche Fest gerichtet, man kleidete sich fein und ließ sich von den Kellnern nicht nur bedienen, sondern geradezu umschwänzeln und umtanzen. Ich hatte ein paar Tage lang eine saumäßige Erkältung, dazu Ohrenschmerzen, weil ich schwerhörig geworden bin und den Lärm in vollbesetzten Räumen schlecht ertrage. Das Essen war mir zuwider, denn obwohl immer ein vegetarisches Gericht auf der Speisekarte war, so hatte der österreichische Küchenchef offenbar keine Ahnung, wie ein solches zuzubereiten ist. Die Gerüche gingen mir genauso auf die Nerven wie die Geräusche, doch wir reisten mit Freunden, die mir wert und lieb sind, einem Ehepaar, das von alldem angetan war. Also fügte ich mich und setzte mich, wenn schon nicht immer, so doch meistens zu den anderen, immer mit dem schlechten Gewissen, daß ich sie mit meiner Stimmung wahrscheinlich enttäuschte.

Dabei tat die Besatzung der »Rotterdam« ihr Bestes, um die Gäste bei Laune zu halten, bis zu kindischen Spielereien. Jeden Abend brachte der Steward ein Handtuch, das so zusammengezupft war, daß es wie ein Tier aussah, immer ein anderes, versteht sich. Mein siebenjähriger Enkel wäre begeistert gewesen, und ich tue, was von mir erwartet wird und bewundere den Affen und den Elephanten. Es gab auch Spielereien, die mich anwiderten. Beim Überqueren des Äquators wurden dem König Neptun mehrere Menschenopfer gebracht, ein paar Leute der Mannschaft, die in den Pool geschmissen wurden, nachdem sie von halbnackten Helfershelfern gründlich eingeseift worden waren. Mein Problem war der Krieg. Wir sind mitten im Krieg, Soldaten und Zivilisten sterben in Irak, weiß der Teufel wozu, und wir spielen hier Menschenopfern. Ist doch harmlos und außerdem eine alte Tradition, sagen die Freunde, denen ich darüber vorjammere, und sie geben zu verstehen, ich sei humorlos oder zu moralistisch. Aber mich erinnert's daran, wie nach dem 11. September der Präsident alle Amerikaner ermutigte, so zu tun, als sei nichts gewesen und ihren normalen Beschäftigungen nachzugehen, zum Beispiel dem Shopping.

Maria zuckt die Achseln. »Ist halt ein schwimmendes Altersheim, dieses Schiff«, sagt sie. »Alte Leute behandelt man wie Kinder.« Wir sind zum Zeitvertreib da, dabei haben wir alle nicht mehr viel von der Ware Zeit, und täglich wird's weniger. Maria sagt, nie fühlt sie die Zeit so wegtröpfeln wie vor der Mikrowelle. Da merkt man's sekundengenau, wie man das Leben nicht aufhalten kann. Die Marschallin im »Rosenkavalier« hat's noch mit den Uhren, die sie gelegentlich still stehen läßt, bei uns geht's elektronischer zu.

Es ist wahr, es sind vor allem Pensionisten, die Zeit (und Geld) haben, einen Monat zu vergeuden. Sie sind nett und vernünftig, höflich zueinander und meinen es gut – wenn auch vor allem mit sich selbst. Aber ich werde das Gefühl nicht los, dieses Schiff ist ein Niemandsland, das übers Meer treibt in einer fremden Welt.

Ein Klassiker der Science-fiction-Literatur fällt mir ein, H. G. Wells' »Die Zeitmaschine«, der in einer Zukunft spielt, in der die oberen Klassen nach wie vor ein müßiges Leben führen, aber verschreckt und im wörtlichen Sinne kleiner geworden sind: Frauen wie Männer messen ungefähr 120 Zentimeter. Sie sind die Eloi, was an das Wort Elite erinnert, geschwächte Nachfahren der früheren Machthaber. Aber der Spieß hat sich umgekehrt, denn die eigentlichen Machthaber sind die Morlocks, Kannibalen und Nachfahren von früheren Arbeitern, die unter der Erde im Finstern schaffen und die Eloi als Schlachtvieh behandeln, wovon sie sich in Abständen ihre Mahlzeiten holen.

Im Vergleich zu den Menschen, denen wir auf unserer Reise begegnen, sehen wir mehlig aus, mit unförmigen Körpern, während die ihren geschmeidig und sportlich wirken. Unsere Hautfarbe: eine genetische Verirrung der ursprünglich schwarzen, nur eine kleine dermatologische Abweichung, die einmal stattgefunden hat und sich da und dort durchsetzte. Nichts Tieferes, hautdünn. Das Personal und die Gäste sind rassisch, wie man früher zu sagen pflegte, ethnisch, wie man heute sagt, streng getrennt. Indonesier servieren das Essen, Filipinos den Alkohol, vermutlich um Konflikte mit dem muslimischen Alkoholverbot zu vermeiden. Es wird nicht viel getrunken auf dem Schiff, aber ungeheuer viel gefressen, weil die meisten Gäste Amerikaner sind und an Völlerei und Übergewicht leiden. Sie sind daher auch nicht verschwenderisch, lassen fast nichts auf dem Teller, essen alles auf, Suppe wie Kuchen.

Ich hatte von Anfang an Angst. Die Nacht vor dem Abflug in Los Angeles verbrachte ich in Dans Haus, um bei dem frühen Abflug nicht im Verkehr stecken zu bleiben. Mitten in der Nacht wachte ich auf, war auf einmal sicher, ich hätte wichtige Dokumente zu Hause liegen lassen, weckte meinen Sohn, der versprach, mir die Dokumente nachzuschicken (ja, sie würden rechtzeitig in Venedig sein), dann weckte ich ihn nochmals, fand die Dokumente in der Handtasche, wußte gar nicht, wie mich zu entschuldigen. Er benahm sich so tadellos zu seiner plötzlich hysterischen Mutter, daß ich ihm vieles verzieh und daraus schloß, daß das gespannte Verhältnis zwischen Mutter und Sohn nicht zwangsläufig dem Sohn zur Last gelegt werden konnte.

So ging es weiter. Das Einschiffen in Venedig zog sich wegen technischer Probleme ungewöhnlich lange hin, was bei den anderen Passagieren höchstens eine leichte Ungeduld erzeugte, bei mir aber ein tiefes Unbehagen, weil ich die Flüchtlingslageratmosphäre früherer Jahre einatmete. Dann handelte ich mir eine Rüge von dem befreundeten Ehepaar ein, weil ich nach der Sicherheitskontrolle nicht stehengeblieben war, wo wir verabredet waren. Aber es war Fahrlässigkeit, keine Absicht, ich war weitergegangen, ohne einzusehen, daß ich nicht zurückkonnte. Ich hatte T., den ich seit Jahren kannte, noch nie so unwirsch gesehen, und wie kam die arme Maria dazu? Ich verblöde total, dachte ich, und werde allen Leuten zur Last. Es dauerte Tage, bis ich mich davon erholte.

Aber es ist weder Alzheimer noch Senilität, es sind die Gespenster, die mich heimsuchen, mich, die ich doch gar nicht gläubig bin. Gespenster sind die ungelöste, unerlöste Vergangenheit. Gespenster unterscheiden kaum zwischen Kleinigkeiten und Enormitäten, sie sind für beides zuständig. Wie die Lebenden nehmen sie, was sie kriegen können.

Damit komme ich zu der zweiten Schiffahrt, die sich in meinem Kopf mit der ersten kreuzt. Der Passagier war nicht ich, es war mein Cousin Herbert Klüger, und sein Schiff hieß »Dunera«. Ich lernte Herbert erst sehr spät kennen. Anders als der schon erwähnte Heinz, das Muttersöhnchen der Schwester meiner Mutter, war Herbert der Lausbub väterlicherseits, das älteste Kind von einem Bruder meines Vaters, von Onkel Gustav, der Gedichte schrieb und die Familie vernachlässigte. Onkel Gustav war mit einer Nichtjüdin verheiratet, und sein Sohn Herbert behauptet, die jüdische Familie habe ihn immer spüren lassen, daß er etwas Minderwertiges sei. Dabei war er ein hübscher, aufgeweckter Bub, ein Lausbub, den man auch nichts anderes sein ließ. Die Eltern wollten ihn oft nicht zu Hause, und er übernachtete auf den Straßen oder in öffentlichen Gebäuden. Meinen Vater mochte er, der sei nett zu ihm gewesen, habe ihn ärztlich versorgt, wenn's nötig war, und ihm Zuckerl zugesteckt. Eine seiner Schwestern wohnte eine Zeitlang bei uns im Haus, bis sie mit einem Kindertransport nach England reisen konnte. Auch ihr Bruder Herbert fand schließlich dort Zuflucht – wenn man's Zuflucht nennen kann.

Nach Hitlers Invasion der Niederlande brach in England, dem Land der »stiff upper lip«, Panik aus. Herbert war gerade an der Grenze zwischen Kind und Erwachsenem, gerade alt genug, um als »enemy alien« eingestuft zu werden, einer der, aus Großdeutschland (in seinem Fall Österreich nach dem »Anschluß«) kommend, vielleicht ein Spion war. Und so wurde er nach Australien verfrachtet auf einem Schiff und einer Reise, die in dieses Kapitel gehört, weil sie gewissermaßen und in meinem Kopf die Kehrseite des Luxusschiffs darstellt, auf dem ich mich 23 Tage lang verwöhnen lassen wollte. Die »Dunera« ging von Liverpool nach Sydney, was den unfreiwilligen Passagieren allerdings nicht mitgeteilt wurde.

Herbert sprach nicht viel über die Einzelheiten dieser Höllenfahrt, aber es gibt ein dokumentarisches Buch, »The Dunera Affair«. Alle Gefangenen, die sich damals auf dem Schiff befanden, schätzen und besitzen es, und Herbert hat's mir geschenkt. Ich lese es nur stückweise, es ist ein dickes Buch, und ich kann zwar dicke Bücher ganz gut lesen, das ist mein Beruf, aber dieses bringt die Jauche meiner eigenen Vergangenheit an die Oberfläche, und dann bin ich stunden-, manchmal sogar tagelang deprimiert.

Die Verfrachteten spekulierten endlos, wohin die Reise wohl ging. Die meisten tippten auf Kanada. Sie waren Deutsche, Italiener, Österreicher, auch eine Minderheit von Kriegsgefangenen, darunter fanatische Nazis, doch weniger als 250, waren dabei, vor allem waren es jüdische Flüchtlinge, meistens Akademiker. Mein Cousin war zwar nicht der einzige, der praktisch noch ein Kind war, doch die meisten waren ausgebildete Anwälte, Schauspieler, Geschäftsleute, Lehrer, Professoren. Fast 3000 Menschen befanden sich auf der »Dunera«. Fast alle waren Nazigegner und waren als solche in England aufgenommen worden. Nichtsdestotrotz wurden im Mai und Juni 1940 viele willkürlich verhaftet und verschickt. Willkürlich, weil's Zufall war, ob's einen erwischte oder nicht, die Verschickung wurde nicht systematisch durchgeführt.

Brutalität herrschte von Anfang an, teils sinnloser Sadismus, einfach Schwindelgefühle der Macht von seiten der Aufseher. Die Reise dauerte acht Wochen, und die Gefangenen waren wehrlos einer teils kriminellen Wachmannschaft ausgeliefert. Das Eigentum der Flüchtlinge wurde konfisziert und Proteste mit Fußtritten quittiert. Hautkrankheiten stellten sich ein, weil die hygienischen Vorkehrungen ungenügend waren. Trotz des häufigen Durchfalls aufgrund der schlechten Ernährung durften die Gefangenen die Toiletten bei Nacht nicht benützen. Als einer es doch versuchte, wurde er von einem Wächter so schwer verletzt, daß er auf einer Bahre ins Krankenrevier getragen werden mußte. Einer beging Selbstmord, weil ihm sein argentinisches Visum am ersten Tag weggenommen und zerrissen wurde. Dem Kommandeur war das alles ziemlich egal. Einmal entging die »Dunera« nur mit knapper Not einem Torpedoangriff.

Nach der Ankunft in Australien wurden die Ankömmlinge in ein Internierungslager gebracht und auch weiter als Gefangene behandelt. Herbert kam frei, indem er sich zum Wehrdienst meldete, er wurde Soldat in der australischen Armee, und dieses Land wurde nach dem Krieg seine Heimat. Die »Dunera« eröffnete ihren Passagieren letzten Endes eine neue Bleibe, die für manche eine echte Heimat wurde. Obwohl sie das Leiden auf dem Schiff nicht vergaßen, haben sich die Passagiere selten über die Briten beschwert, denn es war ein begrenztes Leiden, und es waren die Briten, die sie vor Ärgerem, vor dem grenzenlosen Haß in Nazi-Europa, gerettet hatten. Also ein Happy-End, wenn man so will.

So sah es mein Cousin, aber gleichzeitig wollte er mich auch in Kenntnis darüber setzen, was ihm auf dieser unglückseligen Fahrt zugestoßen war. Er war Australier, als ich ihn kennenlernte, hatte seinen Lebensunterhalt mit schwerer Landarbeit verdient, denn er war einer der vielen hochintelligenten Menschen, denen eine höhere Ausbildung durch den Krieg versagt geblieben war. Er liebte die Landschaft des Kontinents, auf den es ihn verschlagen hatte. Und doch ist er in späteren Jahren, wann immer es ging, nach Wien gefahren, hat mit wenigem Geld sparsam gehaust und seine alten Tage mit Ahnenforschung und Verwandtensuche verbracht.

Er fand mich, indem er in Amerika herumtelefonierte. Er erfuhr, daß ich Angress hieß und in Südkalifornien wohnte, versuchte ein paar Nummern unter diesem Namen in Los Angeles, stieß fast sofort auf meinen Sohn Dan, und, wie Herbert gerne sagte: »Bob's your uncle«, was so viel bedeutet wie »alles gut erledigt«. Er besuchte mich und meine Mutter, und zusammen waren wir in Wien und in Göttingen und in Berlin, und er entpuppte sich als der liebenswürdigste Verwandte. Ich war glücklich, einen solchen zu besitzen, und war nur traurig, daß ich ihn nicht früher kennengelernt hatte. Und ihn später so selten sah. Aber von Kalifornien nach Australien ist es sehr weit. Die Ahnenforschung bestand darin, daß er, obwohl nicht ausgebildet dafür in verschiedensten Archiven nach Daten und Fakten stöberte und sie dann auf einem Computer speicherte. Fehlerhaft, aber für ihn befriedigend. Er wollte das Leben in seiner Ganzheit vor sich haben, nachdem es so zerrissen worden war.

In Wien hatte er dann einen Unfall. Die U-Bahn hielt mit einem starken Ruck mitten auf der Strecke, er stürzte und wurde ohnmächtig. Die Fahrgäste legten ihn einfach bei der nächsten Station auf den Bahnsteig, und dort blieb er liegen. Er meinte, denn er glaubte gern das Beste von allen, man habe ihn für einen Betrunkenen gehalten. Ich meine, es war nur die übliche Gleichgültigkeit seiner ehemaligen Landsleute, daß sie ihn einfach liegenließen und niemand sich seiner annahm. Schließlich wachte er auf und schleppte sich zu seiner Bleibe. Aber er war an der Schulter stark verletzt und mußte zu Hause in Australien operiert werden. Statt zu klagen schwärmte er von der guten Versicherung, die er dank seines Wehrdienstes hatte, und von der guten Behandlung im australischen Spital. Aber er erholte sich nicht mehr völlig.

Die »Dunera« und die »Rotterdam« kreuzten andere Meere zu anderen Zeiten, aber sie gehören zusammen wie Plus und Minus. Ich blättere in dem Wälzer wie in einem vergilbten Photoalbum, und die »Dunera« mit ihren Insassen wird deutlicher als die farbenfrohe Erinnerung an meine Reise mit der »Rotterdam«, die noch nicht lange her ist. Zwischen zwei Stühlen sitzen ist eine alte Redensart, auf zwei Schiffen reisen ist eine Variante dieses Zustands.

Der Schnittpunkt in meinem Kopf, wo die zwei Schiffe aufeinandertreffen, war in Senegal, auf einem Ausflug zu der Insel Ile de Goree. Da taten mir plötzlich die Füße weh. Nicht auf gewöhnliche Art weh, sondern krampfhaft, ich möchte schreien. Ich schreie nicht, sondern ziehe mir die Schuhe aus und höre barfuß und geduldig zu, was der einheimische Reiseführer über diesen früheren Sammelplatz für Sklaven zu erzählen weiß. Von hier sind Unmengen schwarzer Menschen, beiden Geschlechts und jeden Alters, nach Amerika verkauft worden. Erstaunlich (für mich und die anderen Amerikaner), daß nur ein Bruchteil in die Staaten, die meisten nach Südamerika und in die Karibik mußten. Vor allem in die Zuckerplantagen, die brauchten noch mehr Arbeitskräfte als die Baumwollfarmen bei uns. Wie das möglich war? Durch die Rechtfertigung, die seelenruhige Überzeugung, die Ausbeuter seien von Natur aus besser als die anderen Rassen. Ich kenn das ja, war einmal mitten drin. Ein fauler Geschmack steigt vom Magen auf, drängt in die Kehle, schlägt auf den Mund. Ich stelle mich auf die Zehenspitzen, wippe hin und her, gehe ein paar Schritte nach vorn, nach hinten, hilft alles nichts, die Füße sind noch immer verkrampft. Wir werden eingeladen, uns das Sklavenhaus anzuschauen, wo die Menschenware aufbewahrt war, bevor sie verfrachtet wurde. Die wenigen Schwarzen unter uns Touristen hören sich den Reiseleiter mit versteinerten Gesichtern an. Sie gehören zur gebildeten Mittelklasse, wahrscheinlich wissen sie mehr als er über die Geschichte ihrer Vorfahren. Angeblich ist die Ile de Goree zur Wallfahrtsstätte für die Nachkommen geworden.

Ich entscheide, die zellenartigen Räume nicht zu besichtigen, die Füße weigern sich lauthals, wenn auch nur für mich hörbar. Vorsichtig ziehe ich meine teuren orthopädischen Sandalen aus guter Wiener Werkstatt wieder an, und sofort kehrt der stechende Schmerz zurück, obwohl ich den Füßen doch versprochen habe, nur die allernötigsten Schritte zu tun. Ich bin der einzige Mensch hier, ob Touristen oder Einheimische, ob Männer oder Frauen, der sich daran erinnert, was Sklavenarbeit ist. Persönliche Erfahrung, nix Vorfahren und 18. Jahrhundert. »I was a slave girl.« Die Baracke im Auschwitzer Frauenlager, wo ich als Zwölfjährige die letzten paar Nächte vor dem Abtransport nach Groß-Rosen mit vier anderen Frauen auf der untersten Liege der dreistöckigen Pritsche verbrachte, voll Angst vor dem Tod, bis der Schlaf die Angst ablöste, die dann am Morgen wiederkam. Dann das Aufatmen, als es doch nur zur Zwangsarbeit, nicht zur Vergasung ging. Jetzt bin ich mit denen hier, die Luxus besser kennen als Gefahr und deren Vorstellung von Armut aus Büchern, Filmen und – naja – aus Kreuzfahrten kommt. Wer bin ich denn, die oder jene? Kein Wunder, daß ich Krämpfe kriege, in den Füßen und den Beinen.

Ich scheuche die Freunde weg, versichere ihnen, daß ich allein sein will, sie sollen ruhig vorgehen, schleppe mich barfuß ins Innere eines kleinen Souvenirladens, es ist niemand da, ich setze mich auf den einzigen Stuhl und bitte den Besitzer, als er hereinkommt, mich hier einen Moment ausruhen zu lassen. Er nickt, verlangt kein Geld, versucht nicht, mir was zu verkaufen, ist nicht argwöhnisch, geht wieder hinaus, um sich um etwaige Kunden zu kümmern. Ich raffe mich schließlich auf, es muß ja sein, nehme die Schuhe in die Hand und hinke, weiterhin barfuß, zur Fähre, die uns hergebracht hat. Auf der Rückfahrt legt sich der Krampf. Die Sandalen habe ich später wieder getragen, sie sind wirklich gut, es war nicht ihre Schuld.

Die Fahrt ist dann weitergegangen, von Afrika nach Südamerika, ich habe viel Zeit im Schiffskasino verbracht und Vingt-et-un (auf englisch Blackjack) gespielt, ein Glücksspiel, in das ich mich stundenlang versenken kann. Ich spiele es sogar ganz gut. Man denkt dann an absolut nichts anderes als an die nächste Karte und deren Stellenwert. – Und in der Schiffsbibliothek habe ich alte Klassiker und neue Bestseller gelesen. Von meiner anfänglichen Erkältung habe ich mich erholt und in Rio de Janeiro mit Maria ein Hotelzimmer geteilt und noch ein paar schöne Tage verbracht.

Je älter ich werde, desto deutlicher wird es, daß die Jugenderlebnisse nicht die geringste Absicht hatten, sich aus der Psyche zu entfernen und den Sprung von den Jahren der Verfolgung zu der wirtschaftstüchtigen Welt, die sich seither im Westen (und in Japan) entfaltet hat, nachzuahmen. Und so gestehe ich mir ein, daß mein Alter in einer Art Niemandsland stattfindet. Das Elend von damals ist nur vorbei für die, die damals daran zugrunde gingen, sonst nicht, es zeugt Nachwuchs, wir haben's gesehen, in vielen Ländern, ich muß sie hier nicht aufzählen. Die Gleichgültigkeit derer, die in Sicherheit leben, ist bekannt, ebenso deren Schuldbewußtsein und der Wunsch, die Welt zu verändern (wenn's nur nicht zuviel kostet, wenn es den eigenen Wohlstand nicht allzu sehr gefährdet), wir gehören dazu, ich gehöre dazu, nur kann ich mich nicht frei machen von dem Gefühl, daß ich von der einen Seite des Abgrunds herkomme, Kinder und Enkel auf der anderen Seite, die wissen nicht einmal, was für Fragen sie stellen könnten.

Sehr lange hat man gemeint, es sei möglich, alles hinter sich zu lassen. Da ist zum Beispiel in Deutschland diese Verehrung für die mythischen Trümmerfrauen: eine Zivilbevölkerung, die den Schutt, auch den historischen, und damit klammheimlich auch die Schuld, weggeräumt. Und dann der Mythos von der Stunde Null: Wo so viel Übles geschehen war, wollte man sich einreden, es sei nichts Endgültiges und nichts Zukunftsträchtiges geschehen.

Auch ich meinte abwechselnd, alles könne noch geleistet werden, ich könne alles aufholen, was ich versäumt hatte. Man holt nicht den ermordeten Vater auf, und ich fand mich letztlich merkwürdig entfremdet von den Splittern der Großfamilie, die anderswo den Krieg überstanden hatte. Die späte Freundschaft mit Herbert war eine Linderung.

Mit jedem Verlust gleitet der Fuß abwärts, auf jeder Reise bröckelt ein Stück Ich ab. Was unterwegs verloren geht, bist immer du selbst, und der nächste Ankunftsort besteht, wie die vorigen, aus dem Jetzt und dem Damals, es gibt keinen neuen Anfang, nur Fortsetzungen auf einem Weg, der zusehends schmaler wird.

Hat sich die Reise gelohnt? Naja: »Es ist uns schon schlechter gegangen.«

INHALT

Textnachweis

Seite 7: Herta Müller, Die blassen Herren mit den Mokkatassen. © 2005 Carl Hanser Verlag, München

Seite 9: Ilse Aichinger, Kleist, Moos, Fasane. © S. Fischer Verlag GmbH, Frankfurt am Main 1987

Seite 49: Guido Zernatto, Dieser Wind der fremden Kontinente. © Verlag Anton Pustet, Salzburg–München–Wien

Seite 51: Mascha Kaléko, In meinen Träumen läutet es Sturm. © 1977, Deutscher Taschenbuchverlag München

Seite 152: aus: Gertrud Kolmar, Die Fahrende. © Suhrkamp Verlag, Frankfurt am Main

Seite 153: Ingeborg Bachmann, Exil. Aus: Dies., Werke, Bd. 1: Gedichte. © 1978 Piper Verlag GmbH, München